세상을 재미있게
재치개그^^

이우석 지음

머리말

　우리의 일상생활 속에서 여러 사람에게 웃음과 즐거움을 주는 유머(Humor)와 위트(Wit)는 사막 속의 오아시스와 같은 고마운 존재로서 대인관계를 부드럽고 원만하게 유지하는 긍정적인 요소를 가지고 있습니다. 유머 중에서도 동음이의어나 유사 발음을 활용한 것을 영어에서는 '펀(Pun)'이라고 하며, 일본어에서는 '다쟈레(だじゃれ)'라고 합니다.

　그러나 우리 한국어에는 아쉽게도 이에 상응하는 말이 없습니다. '아재개그', '썰렁개그', '말장난'과 같은 단어가 있기는 하지만, 이는 본질과는 그 뜻이 다릅니다. '펀'과 '다쟈레'는 동음이의어나 유사 발음, 다의어를 활용한 수준 높은 내용의 유머입니다. 여기에 흥미를 못 느끼는 사람에게는 재미없고 썰렁하기 마련입니다.

　일본에서는 이 '다쟈레'를 즐기는 동호회도 있습니다. 반면 여기에 재미를 느끼지 못하는 사람들은 이를 폄하하여 '오야지개그(おやじギャグ, 아재개그)'라고 합니다. 우리말의 '아재개그'는 일본어의 '오야지개그'를 직역한 것이어서 저자는 이를 '재치놀이'에서 다시 '재치개그'로 정정하여 명명하고자 합니다.

　몇 년 전에 '재치놀이 이게 뭐지?'라는 제목으로 책이 나온 적이 있으나, 이번에 이를 대폭 수정하여 '세상을 재미있게 재치개그'라는 제목으로 다시 형설출판사에서 출간하게 되었습니다. 이 책이 우리 사회를 보다 밝고 즐거운 세상으로 만드는 데에 기여하기를 바랍니다. 아울러 이 책의 출간까지 많은 노력을 해 주신 출판사 여러분께 감사의 말씀을 드립니다.

2024년 여름
저자 드림

목차

제1장 유형별 재치개그

1. 동음이의어 — 007
2. 유사 발음 — 019
3. 띄어쓰기 — 031
4. 붙여쓰기 — 043
5. 본말·준말·생략 — 055
6. 외래어 — 067
7. 의성어·의태어 — 079
8. 사자성어 — 091
9. 동사의 활용 — 103
10. 형용사의 활용 — 115
11. 숫자의 활용 — 127

제2장 주제별 재치개그

1. 국내 지명(시·군·구) — 141
2. 국내 지명(읍·면·동) — 153
3. 외국 지명 — 165
4. 동물명 — 177
5. 식물명 — 189
6. 직위·호칭·이름 — 201
7. 기업·상호·상품 — 213
8. 자연 환경 — 225
9. 인간 생활 — 237
10. 방언·속어·유행어 — 249

제1장
유형별 재치개그

1. 동음이의어

(1) 감

선배 : 내가 이렇게 쉽게 설명을 하는데도 감을 못 잡겠어?

후배 : 네, 아무리 노력을 해도 감을 못 잡겠어요.

선배 : 아니, 머리가 그렇게 안 돌아가니?

후배 : 선배님 설명이 너무 어려워서가 아니라 지금은 철이 아니에요.

선배 : 아니, 철이 아니라니? 그건 또 무슨 소리야?

후배 : 지금이 여름인데 무슨 감을 잡겠어요? 가을이 되어야 땡감도 나오고, 단감도 나오고, 홍시도 나오죠. ㅋㅋㅋ

선배 : 야~ 이거 머리는 내가 안 돌아가네. 후배에게 완전 당했네.

후배 : 선배님, 정말 미안합니다.

선배 : 그런데 후배는 어떻게 유머 감각이 그렇게 발전했어? 전에는 농담도 잘 안 통하더니만.

후배 : 이것 다 선배님한테 배운 거 아닙니까! ㅎㅎㅎ

} 한자어인 '감(感)'과 고유어인 '감'은 소리는 같지만, 뜻이 다른 동음이의어(同音異義語)입니다.

(2) 감사

한 과장 : 지난번에 회사를 그만둔 총무부의 조 과장 기억 나?

윤 과장 : 응, 기억나고말고. 한 번씩 운동도 같이 하고 술자리도 같이 하고 해서 가까이 지낸 편이야.

한 과장 : 그 친구 말이야, 사람은 좋은데 업무처리 능력이 부족해서 조금 문제가 되었잖아? 그런데 이번에 정말 잘됐어.

윤 과장 : 왜, 조 과장에게 무슨 좋은 일이라도 생겼어?

한 과장 : 한 유통회사의 감사로 가게 되었대.

윤 과장 : 야~ 정말 감사할 일이네. 한동안 집에서 쉬고 있다고 들었는데 이제 일자리가 생겼구나. ㅎㅎㅎ

한 과장 : 사실은 그 친구 징인이 그 회사의 사장인데, 이번에 사위에게 감사를 맡겼다나? 그 친구 복도 많아.

윤 과장 : 그러면 장인에게 감사하다고 감 사 들고 찾아뵙겠네. ㅋㅋㅋ

> 회사의 '감사(監事)'와 고마움을 표시하는 '감사(感謝)'는 단음과 장음에서 발음상 차이가 있지만, 한글 문자는 같은 동자이의어(同字異義語)입니다. 그러나 이 책에서는 동자이의어도 동음이의어의 범주에 넣었습니다.

(3) 교감

교사 A : 작년에 우리 학교에 부임해 온 교감 선생님 있지.

교사 B : 응, 들어서 알아. 그런데 갑자기 교감 선생님 이야기는 왜?

교사 A : 그 교감 선생님은 부임해 온 이래 큰일이야.

교사 B : 왜, 무슨 특별한 이유라도 있어?

교사 A : 교무실에서 회의를 할 때마다 다른 선생님들과는 전혀 교감이 안 되니 정말 큰 문제지. 고집불통이라고 할까?

교사 B : 교감이 안 되는 교감 선생님이라? 정말 큰일이긴 하네. ㅎㅎㅎ

교사 A : 혹시나 교감신경이 덜 발달돼서 그런가? ㅋㅋㅋ

교사 B : 교감신경, 부교감신경? 학교에는 부교감 선생님은 안 계시잖아? ㅎㅎㅎ

교사 A : 농담은 이제 그만하고. 이대로는 정말 큰일이야.

교사 B : 다른 학교의 교감 선생님들은 교감이 너무 잘 되어 오히려 남의 귀감이 된다는데... ㅎㅎㅎ

} '교감(校監)'과 '교감(交感)'은 한글 문자는 같은 동자이의어이며, '귀감(龜鑑)'은 '본받을 만한 모범'이라는 뜻으로 '교감'과 발음상 차이가 있기는 하지만, 대조 효과를 위해 설정해 두었습니다.

(4) 국물

오 차장 : 정 대리, 시간도 되었는데 이제 슬슬 퇴근할까?

정 대리 : 네, 조금만 기다려 주세요. 이것 정리해 두고요.

오 차장 : 오늘 부장님이 정 대리 때문에 화가 많이 났어.

정 대리 : 그래요? 아니, 무슨 일로요?

오 차장 : 밖으로 나가서 얼큰한 국물에 술이나 한잔하면서 이야기해.

정 대리 : 아니, 듣고 보니까 궁금한데 도대체 무슨 일로 부장님이 화가 나셨어요?

오 차장 : 정 대리가 업무처리에서 실수했잖아. 다음에는 국물도 없대.

정 대리 : 나는 열심히 일하면 무슨 국물이라도 있을까 하고 기대했었는데, 국물은 커녕 꾸중만 들었네. ㅠㅠ

오 차장 : 마음을 식히면서 김치찌개에 소주 어때?

정 대리 : 고마워요. 김치찌게에는 맛있는 국물이 있는데, 부장님은 국물도 없다니... ㅋㅋㅋ

오 차장 : 어, 정 대리 실력이 많이 늘었어. ㅎㅎㅎ

} '국물도 없다'는 '돌아오는 몫이나 이득이 아무것도 없다'라는 관용구입니다.

(5) 머리

남친 : 야~ 오랜만이네. 그런데 머리가 왜 이렇게 가렵지?

여친 : 머리를 자주 안 감아서 그런 것 아냐?

남친 : 무슨 소리! 오늘도 머리를 감았는데 말이야.

여친 : 그러고 보니, 오빠 머리는 큰 편인데 소갈머리는 없고 주변머리만 아주 많은 편이구나. ㅎㅎㅎ

남친 : 오랜만에 만났는데 무슨 실례되는 말을 그렇게 해?

여친 : 아, 미안. 그래도 친한 친구를 만나 반가워서 그래.

남친 : 너무 놀리지 마. 그래도 머리는 좋은 편이잖아?

여친 : 맞아, 그건 인정해. 학교 다닐 때는 전교에서 날렸지.

남친 : 이따가 이발소에 가서 머리를 좀 자르고, 뒷머리를 좀 정리해야겠어.

여친 : 뭐? 머리를 자른다고? 그러면 나를 더 이상 못 보겠네. ㅋㅋㅋ

남친 : 캬~ 너, 그동안 유머 감각이 엄청 늘었네. ㅎㅎㅎ

} '머리'에는 ①목 위의 부분 ②머리카락 ③판단 능력 등의 여러 가지 의미가 있습니다. 이와 같이 중심의미와 여기에서 파생·분화된 주변의미를 가지는 단어를 다의어(多義語)라고 합니다. 이 다의어 또한 동음이의어의 범주에 넣었습니다.

(6) 분수

선배 : 모처럼 후배들과 야외에 나왔더니 기분이 좋네.

후배 : 그러게 말이에요. 우리 저기로 한번 가 봐요. 사람이 많이 모여 있네요.

선배 : 와~ 음악에 맞춰 시원스럽게 올라가는 저 분수 좀 봐. 정말로 힘차고 멋있지 않아?

후배 : 선배님, 목소리 좀 낮춰요. 자신의 분수를 지켜야지. ㅎㅎㅎ

선배 : 아, 후배에게 한 방 먹었네. 그런데 저 분수 다시 좀 봐.

후배 : 왜요? 무슨 특별한 게 있어요?

선배 : 저 분수대 모양이 뭔가 좀 이상하잖아?

후배 : 뭐가요? 조금 전까지만 해도 멋있다고 그렇게 감탄하더니만…

선배 : 분수대의 하단보다 상단이 너무 길지 않아?

후배 : 그러네요. 분수대가 완전 가분수네요. ㅋㅋㅋ

선배 : 분수 설계자가 자기 분수에 맞지 않는 설계를 했군. ㅎㅎㅎ

} '분수(噴水)'와 '분수(分數)'는 한글 동자이의어입니다.

(7) 장기

김 사장 : 박 과장, 요즈음 건강이 좀 안 좋다는데 괜찮아?

박 과장 : 사장님, 관심 가져 주셔서 정말 고맙습니다.

김 사장 : 필요하면 장기휴가를 신청해서 건강을 좀 챙기도록 해.

박 과장 : 감사합니다. 그동안 장기가 안 좋아서 좀 고생했는데, 이번 기회에 위내시경 대장내시경 검사를 해 보려고 합니다.

김 사장 : 그게 좋겠네. 그런데 문제가 생기네.

박 과장 : 아니, 제가 장기휴가를 가면 무슨 문제가 생기죠?

김 사장 : 그동안 한가할 때 박 과장과 바둑이나 장기를 두었는데, 그게 당분간 안되겠네. ㅎㅎㅎ

박 과장 : 아유 사장님, 저는 깜짝 놀랐어요. ㅎㅎㅎ

김 사장 : 특히 장기는 박 과장의 장기 아냐?

박 과장 : 전에는 바둑이든 장기든 강했는데, 지금은 많이 약해졌어요.

김 사장 : 하기야 요즈음 젊은 사람들은 게임을 하니까... ㅎㅎㅎ

} '장기(長期)', '장기(臟器)', '장기(將棋)', '장기(長技)'는 한글 동자이의어 또는 동자이음어(同字異音語)로서 장단음, 된소리 등에서 차이가 나지만 동음이의어의 범주에 넣었습니다.

(8) 회의

이 과장 : 아침에 회사 게시판에 뜬 공지사항 봤어?

조 과장 : 아니, 아직 못 봤는데 무슨 좋은 소식이라도 있어?

이 과장 : 오늘 오후 5시부터 긴급 회의가 있대.

조 과장 : 상무님 입장에서는 실적을 내야 하니까 회의를 열어서 점검하고 들들 볶는 것이 당연하겠지.

이 과장 : 나는 오늘 회의에 적당한 핑계를 대고 빠질 생각이야.

조 과장 : 그렇다고 회의에 빠지면 돼? 핑계를 대고 회의에 빠지면 나는 이 과장한테 회의를 느끼게 될 텐데. ㅋㅋㅋ

이 과장 : '회의는 짧게, 회식은 자주, 회비는 없이!' 이 슬로건 어때? 이렇게 하면 회사가 날로 발전하겠지? ㅎㅎㅎ

조 과장 : 발전은커녕 망하겠구나. 이 과장이 사장이라면 그렇게 하겠어?

이 과장 : 아무튼 회의가 많아 회의를 느끼는 회사가 되면 정말 큰일인데. ㅎㅎㅎ

} '회의(會議)'와 '회의(懷疑)'는 한글 동자이의어입니다.

(9) 바가지

아들 : 요즈음 바가지는 주로 플라스틱으로 만든 바가지인데, 이건 옛날처럼 박으로 만든 천연 바가지네.

엄마 : 그래, 박으로 만든 바가지는 이제는 귀한 존재야.

아들 : 엄마, 그런데 아버지께 바가지 너무 긁지 마세요.

엄마 : 내가 어디 자주 바가지 긁나? 가끔 한 번씩 긁을 따름이지. ㅎㅎㅎ

아들 : 내가 보니까 엄마는 좀 심한 편이에요.

엄마 : 얘 좀 봐. 나에게는 문제가 많고, 아버지에게는 아무런 문제가 없는 것처럼 이야기하네.

아들 : 어젯밤에도 아버지한테 밤새도록 바가지 박박 긁었잖아요.

엄마 : 그러고 보니 좀 미안하네. 그러지 않아도 지난주에는 너희 아버지가 쇼핑을 하면서 바가지 썼다더라. ㅎㅎㅎ

아들 : 밤에는 엄마에게 바가지 긁히고 낮에는 쇼핑에서 바가지 쓰고, 아버지가 참 안됐어. ㅠㅠ

} '바가지 긁다'는 '잔소리를 늘어놓다'는 뜻이고, '바가지 쓰다'는 '물건값을 실제 가격보다 비싸게 지불하여 손해를 보다'는 뜻의 관용구입니다.

(10) 이월상품

남친 : 야~ 이제 유명 백화점도 믿을 게 못 돼.

여친 : 아니, 오빠. 그게 무슨 소린데? 설명 좀 해 줘.

남친 : 지난주 토요일에 백화점에 갔는데 백화점이 사기를 치고 있었어.

여친 : 뭐? 백화점에는 왜? 나 말고 누구하고 갔어?

남친 : 진정해. 지난주에 엄마하고 백화점에 갔는데 이월상품이라고 크게 써 붙여 놓고 영업을 하고 있잖아!

여친 : 백화점에는 이월상품 행사를 가끔 하고 있는데 뭐가 문제야?

남친 : 지금이 2월도 아닌 5월인데, 이월상품을 팔다니 이게 완전 사기지 뭐. ㅎㅎㅎ

여친 : 오빠는 참 용감하네. 원래 모르면 용감해. ㅋㅋㅋ

남친 : 너는 내 농담을 소화 못 하는구나.

여친 : 나도 농담이야. 그건 그렇고 이월상품도 괜찮으니 같이 가서 선물 하나 사 주면 안 돼? ㅎㅎㅎ

남친 : 어이쿠, 괜히 이월상품 이야기를 끄집어냈네.

} '이월상품(移越商品)'과 '이월상품(二月商品)'은 한글 동자이의어입니다.

2. 유사 발음

(1) 같이

아내 : 여보, 오늘이 무슨 날인지 알아요?

남편 : 내가 회사 일에만 신경 쓰다 보니까 잘 모르겠는데.

아내 : 당신은 너무 가정적이지 못해 가증스러울 때가 있어요. ㅎㅎㅎ

남편 : 그래? 오늘이 무슨 뜻깊은 날인가 보지?

아내 : 오늘이 우리 결혼 30주년이 되는 날이잖아요? 정말 서운해.

남편 : 아, 미안해요. 그러고 보니 우리 결혼해서 같이 있는 시간을 보내면서 가치 있는 일도 많이 했네. ㅎㅎㅎ

아내 : 당신은 소같이 일만 하다가 정승같이 써 보지도 못하고… ㅉㅉㅉ

남편 : 그래도 개같이 살아온 놈이라고 욕 안 먹는 게 다행이지 뭐. ㅎㅎㅎ

아내 : 그거야 억척같이 살아온 당신의 가치 있는 자랑거리죠.

남편 : 하기야 당신 몰래 가치 있는 일도 많이 했어.

아내 : 뒤돌아보니 세월이 정말 물과 같이 흘렀네.

} '같이'는 부사로도 조사로도 쓰입니다. '같이'는 발음상 구개음화(口蓋音化)가 일어나 '가치'가 되어 '가치(價値)'와 발음이 같으나, 여기에서는 문자가 달라 '유사 발음'의 범주에 넣었습니다.

(2) 대게

남친 : 요 근래 치킨을 많이 먹어서 그런지, 갑자기 영덕 대게가 먹고 싶네.

여친 : 오빠, 텔레파시가 통했나? 내 마음을 어떻게 잘 알아? 나도 대게 먹고 싶은 마음이 굴뚝 같아... ㅎㅎㅎ

남친 : 얼마 전에 엄마와 시장에 갔는데 대게가 많이 나와 있었어. 그때는 엄청 입맛이 당겼지만, 사정이 있어서 먹지는 못 했어.

여친 : 그래? 대게는 대개 언제 먹는 것이 가장 맛있어? ㅎㅎㅎ

남친 : 겨울과 봄이 제철이지. 이때가 되면 살도 많고 알도 많이 차서 맛이 아주 죽여주거든.

여친 : 이번 주말이라도 동해안으로 가서 대게 실컷 먹어 볼까?

남친 : 그래, 꼭 가자. 대게 정말 되게 맛있을 거야.

여친 : 오빠는 대게 먹는 생각만 해도 기분이 되게 좋은가 봐. ㅋㅋㅋ

남친 : 너하고 같이 가면 대개 기분이 좋아.

} '대게'의 발음에서 '대'는 '큰 대'의 긴 장음이 아니라 '대나무 대'의 짧은 단음입니다. 〈국립국어원 온라인가나다〉 참고

(3) 만두

이 부장 : 최 대리, 이제 퇴근할까? 오늘 저녁은 가까운 회사 앞에서 내가 살게.

최 대리 : 아니, 무슨 좋은 일이라도 있어요?

이 부장 : 오늘 최 대리가 수고가 많아서 그래. 오늘은 만두가 어때?

최 대리 : 만두요? 아주 좋죠. 저는 만두를 아주 좋아하는 편이에요.

이 부장 : 야~ 이 집, 만두 종류도 많네. 고기만두, 김치만두, 왕만두, 군만두, 물만두. 헷갈릴 정도네.

최 대리 : 오늘 제가 크게 수고한 게 없는데 만두를 사 주시네요.

이 부장 : 그런데 아까 주문한 고기만두 왜 안 나오지?

최 대리 : 아, 이제 나왔어요. 잘 먹겠습니다.

이 부장 : 와~ 이 만두 먹을 만두 하네. 참 맛있어. ㅎㅎㅎ

최 대리 : 진짜 맛있네요. 자주 올 만두 하네요. ㅎㅎㅎ

이 부장 : 어? 최 대리, 한 건 했어. 이제 나도 방심하면 안 되겠어.

> 구어체(회화체)에서 '그럴 만도 하고요'를 '그럴 만두 하구요'라고 하는 현상이 나타나기는 하지만, 바람직스러운 표준어는 아닙니다.

(4) 벌레

엄마 : 우리 아들, 요즈음 밤늦게 들어오니까 얼굴 보기가 힘들어. 무슨 일인데 매일 그렇게 늦니?

아들 : 엄마, 걱정 마세요. 사고 치고 그러지는 않아요.

엄마 : 그래도 부모로서 걱정이 되지. 무슨 일인지 이야기해 봐.

아들 : 사실은 밤늦게까지 편의점에서 일해요.

엄마 : 너는 내 자식이지만 너무 근면 성실해서 탈이야.

아들 : 근면 성실하면 좋으면 좋았지 나쁠 게 없잖아요?

엄마 : 너는 공부하면 공부벌레, 일하면 일벌레… 그러다가 건강을 해칠까 봐 걱정이 돼서 그래.

아들 : 괜찮아요. 내가 알아서 할게요.

엄마 : 그런네 오늘도 늦다고? 그렇게 해서라도 꼭 돈 벌래? 아하, 이제는 돈벌레가 됐네. 하기야 어려서부터 온갖 벌레를 좋아하더니만. ㅎㅎㅎ

아들 : 와~ 엄마, 제법이네요. ㅋㅋㅋ

} '벌레'는 어떤 일에 열중하는 사람을 비유해서 하는 말이기도 하며, 긍정적으로도 부정적으로도 둘 다 쓰입니다.

(5) 치매

박 과장 : 요즈음 일에 대한 의욕도 떨어지고, 쉽게 피곤해.

윤 과장 : 밤늦게까지 회사 일을 너무 열심히 해서 그런 거 아냐?

박 과장 : 그리고 건망증 증세가 좀 있는 것 같아. 조금 전에 갖다 놓은 서류도 어디에 두었는지 기억이 잘 안 나고 해.

윤 과장 : 설마 젊은 나이에 건망증이겠어? 미안한 이야기지만, 그건 건망증이 아니고 치매 초기 증상 아냐? ㅋㅋㅋ

박 과장 : 뭐, 치매라고? 이거 나에 대한 인격 침해 아냐?

윤 과장 : 내가 언제 박 과장에 대한 인격을 침해했어?

박 과장 : 조금 전에 치매라는 말을 꺼내면서 내 인격을 침해했잖아? 윤 과장이야말로 치매 증세가 있네. ㅋㅋㅋ

윤 과장 : 본인 스스로 건망증 운운하니까 내가 농담해 본 거지. ㅎㅎㅎ

박 과장 : 이거 완전히 내가 당했네. ㅎㅎㅎ

} '치매'는 대뇌 신경 세포의 손상 따위로 말미암아 기억력 상실 등이 수반되는 질환으로서 주로 노인에게 나타납니다.

(6) 개 조심

손님 : 모처럼 바닷가 해변시장으로 나왔더니 기분이 상쾌하고 좋네. 아주머니, 시장에 개는 왜 묶어 두었어요?

상인 : 우리 집 개는 순해서 안 물어요. 조심하지 않아도 돼요. 그런데 여기에 있는 게들 많이 좀 사세요.

손님 : 우와~ 그러고 보니 게 종류가 정말 많네.

상인 : 게마다 맛은 조금씩 다르지만 다 맛있어요. 싸게 드릴게요.

손님 : 이건 꽃게고 저건 홍게와 털게네. 그런데 저 홍게 참 잘 생겼구나. 어디 한번 만져 보자. ㅎㅎㅎ

상인 : 어, 손님! 만지면 안 돼요. 자칫하면 게 다리가 부러질 수도 있어요. 게다가 게 집게발에 물리면 몹시 아파요.

손님 : 야~ 서 개 조심해야 할지, 이 게 조심해야 할지 헷갈리네. ㅎㅎㅎ

상인 : 손님, 저 개 이 게 따지지 말고 많이 사서 먹는 게 중요해요. 안 그래요? ㅋㅋㅋ

} '해변 시장'은 '해변에 있는 시장'이고, '해변시장'은 이미 고유명사화된 시장을 말합니다.

(7) 골뱅이

선배 : 회사 그만둔 지 좀 되었는데 요즈음 뭘 하고 있어?

후배 : 아, 선배님. 놀기 삼아 조그마한 일을 하나 시작했어요.

선배 : 어떤 일인데? 괜찮으면 나도 한번 시작해 보게.

후배 : 우리 집 부근에 아담한 골뱅이 전문점을 하나 차렸어요. 힘은 들지만 재미있어요. 시간 나면 놀러 한번 오세요.

선배 : 그래, 조만간 한번 갈게. 가게 찾기는 쉽지?

후배 : 네, 찾기 쉬워요. 주소 찍어 드릴게요.

선배 : (일주일 후) 아~ 겨우 찾았어. 여기구나. 아담하고 좋네. 메뉴는 어떤 게 있어?

후배 : 골뱅이무침, 골뱅이찜, 골뱅이소면 등이 있어요.

선배 : 메뉴도 다양하고, 손님도 많고… 야~, 돈 벌겠구나.

후배 : 돈 버는 것도 좋지만, 골뱅이 만시다가 골병이 들겠어요. ㅋㅋㅋ

선배 : 뭐, 골병이 든다고? 그럼, 나는 골뱅이 사업은 생각을 접어야겠네. ㅎㅎㅎ

} '골뱅이'는 수염고등과의 동물인데, 인터넷 주소에서 사용자의 아이디(ID)와 도메인 이름 사이에 쓰는 기호 '@'는 이 모양에서 본떠 지은 말입니다.

(8) 싸구려

아내 : 여보, 오늘 오후에 모처럼 우리 백화점에 놀러 한번 가요.

남편 : 놀러 가는 건 좋지만, 은근히 마음의 부담이 되네.

아내 : 며칠 전에 내가 적금 찾은 게 있는데 부담은 느끼지 마세요.

남편 : 그것 듣던 중 반가운 소식이네. 그래, 한번 가 봐요. ㅎㅎㅎ

아내 : 와, 백화점에 오랜만에 왔더니만 너무 좋네. 그런데 저 핸드백 좀 봐요. 디자인이 참 멋있네.

남편 : 당신 마음에 드는 모양인데 마음에 들면 사구려.

아내 : 마음에 들지만, 바겐세일 하는 행사장으로 한번 가 보죠.

남편 : 행사장이라서 그런지 사람들이 엄청 많네.

아내 : 이건 어때요? 아까 본 것과 똑 같은데 가격은 반값이에요.

남편 : 당신이 싸구려 상품이라고 느끼지 않는다면 하나 사구려.

아내 : 내가 들고 다니면 싸구려라도 싸구려처럼 안 보여요. ㅎㅎㅎ

남편 : 잘됐네. 그럼 하나 사구려. ㅎㅎㅎ

} '싸구려'라는 어원은 장사하는 사람들이 물건값이 싸다는 뜻으로 '싸구려'라고 외치던 소리가 그대로 값이 싸고 질이 낮은 물건을 가리키는 말이 되었다고 합니다.

(9) 제주도

이 부장 : 정 대리, 오늘 아침부터 계속 싱글벙글거리면서 기쁜 표정인데 무슨 좋은 일이라도 있어?

정 대리 : 부장님, 아무것도 아니예요.

이 부장 : 로또라도 당첨됐어? 아니면 주식이라도 많이 올랐어?

정 대리 : 로또도 주식도 아니예요. 아무것도 아니라니까요.

이 부장 : 숨기지 말고 말해 봐. 정 대리가 숨기는 재주도 있네.

정 대리 : 사실은 제주도에 땅을 좀 사 두었는데, 그게 몇 배가 뛰었네요.

이 부장 : 회사 일에는 별 재주도 없으면서 부동산 투기에는 재주도 많군. ㅋㅋㅋ

정 대리 : 저 같은 경우에는 투기가 아니고 투자예요.

이 부장 : 남이 하면 투기고 자기가 하면 투자라고?

정 대리 : 제주도에 사는 친구가 적극 권하기에 좀 사 둔 거예요.

이 부장 : 어쨌든 재주도 많군. 그럼, 한잔 사는 재주도 있지? ㅎㅎㅎ

'제주도(濟州道)'는 제주특별자치도로서 유네스코 세계자연유산으로 등재된 곳이 세 곳이나 됩니다. 이와 발음이 유사한 '재주도'는 명사 '재주'에 조사 '도'가 붙은 형입니다.

(10) 기막히다

선배 : 야~ 너, 혼자서 교실에서 공부하고 있구나.

후배 : 선배님, 다음 주에 기말시험인데 지금 놀게 생겼어요?

선배 : 무슨 행사한다고 밖이 저렇게 시끄러운데 공부가 돼? 정말 대단해.

후배 : 공부하는 데는 별문제가 없어요.

선배 : 별 문제가 없다니? 정신통일하는데 무슨 비법이라도 있어?

후배 : 저는 지금 귀가 막혀서 조금도 안 시끄러워요.

선배 : 귀가 막히다니? 그게 무슨 소리야.

후배 : 귀를 후비다가 귀지가 속으로 들어가서 막혀버렸어요. 그래서 잘 안 들려요.

선배 : 그것 참 기가 막히는 일이 일어났군. ㅎㅎㅎ

후배 : 오전에 병원에 들렸는데 의사 선생님이 귀를 후비지 말랬어요.

선배 : 그런 기막힌 사연이 있었구나. 그리고 보니 내가 정말 가슴 아픈 질문을 했네. 미안해. ㅠㅠ

} '기막히다'라는 말은 형용사로도 쓰이지만, 같은 뜻으로 '기가 막히다'와 같이 관용구로도 쓰입니다.

3. 띄어쓰기

(1) 내일

조 회장 : 장 이사, 요즈음 바쁘지? 정말 수고가 많네.

장 이사 : 뭐, 수고랄 게 있습니까? 괜찮습니다.

조 회장 : 그래, 내일 주주총회 준비는 거의 다 완료되었고?

장 이사 : 네, 이상 없이 준비가 완료되었습니다. 전 직원이 <u>내 일</u>, <u>네 일</u> 가리지 않고 노력한 덕분이죠.

조 회장 : <u>내 일</u>, <u>네 일</u>을 가리지 않는다니 참 고맙군.

장 이사 : 원래 회장님께서 하시는 스타일을 모두 배운 거죠. ㅎㅎㅎ

조 회장 : 우리 회사의 <u>내일</u>을 이끌고 갈 전 직원들에게 내가 선물을 하나 하고 싶은데 뭐가 좋을까?

장 이사 : 우리 회사는 여직원이 많아서 <u>네일</u> 관련 제품이 좋겠어요.

조 회장 : 장 이사는 여성이니까 역시 <u>네일</u> 관련 제품을 떠올리는군. 좋아, 그 준비도 <u>내 일</u>이 아니고, 장 이사 <u>네 일</u>이야. ㅎㅎㅎ

} '네 일'의 '네'는 '너의'의 준말이며, '네일'은 '손톱,발톱'의 'nail'에서 온 말입니다.

(2) 안타

선배 : 오늘 날씨도 좋은데 모처럼 야구장에 왔더니 기분도 정말 좋네.

후배 : 나도 기분이 좋아요. 선배님 따라오기를 잘했어요.

선배 : 그렇지? 내 말 잘 들으면 자다가도 떡이 생겨.

후배 : 그래서 선배님을 좋아하잖아요.

선배 : 야~ 지금 2루에 주자가 있는데 여기에서 안타가 나와야지.

후배 : 선배님, 걱정하지 마세요. 곧 안타가 터질 거예요.

선배 : 어허, 또 삼진이잖아. 나는 속이 타는데, 너는 안 타?

후배 : 왜 안 타겠어요? 곧 불이 붙을 겁니다.

선배 : 거참, 장타든 단타든 안타가 계속 터져야 할 텐데.

후배 : 곧 불이 붙어서 타지, 안 타지는 않을 거예요. ㅎㅎㅎ

선배 : 무슨 말이 그렇게 어려워?

후배 : 선배님을 좋아하는 마음도 타지, 안 타지는 않는다니까요. ㅋㅋㅋ

} '안타(安打)'는 '야구에서, 수비수의 실책이 없이 타자가 한 베이스 이상을 갈 수 있게 공을 치는 일'로 정의하고 있습니다.

(3) 전복

교수 : 지난 주말에 뭐 했어? 남자니까 등산을 했겠는데.

학생 : 교수님, 등산이 아니고 고향 바닷가를 드라이브했어요.

교수 : 오, 아주 낭만적인 주말을 보냈네.

학생 : 낭만적이기는커녕 지옥과 천당을 오갔습니다. ㅠㅠ

교수 : 아니, 무슨 일이 있었는데?

학생 : 바닷가를 드라이브하다가 잘못하여 차가 전복되면서 바다에 빠졌어요. 하마터면 죽을 뻔했죠.

교수 : 저런, 차가 전복되어 바다에 빠졌다고?

학생 : 사람들이 저를 구해 주었어요. 그런데 전 복도 많아요. 바닷속에 전복이 많아 그 순간에도 전복을 두 마리 잡아 올렸죠. ㅎㅎㅎ

교수 : 뭐라고? 그건 지어낸 이야기 아냐?

학생 : 아니예요. 전 복이 많아서 어릴 때부터 전복을 잘 잡았어요.

교수 : 말이 전복되었는지 무슨 뜻인지 모르겠네. ㅋㅋㅋ

} '뒤집히다'라는 뜻의 '전복(顚覆)'과 해산물의 '전복(全鰒)'은 한글 동자이의어이며, 이를 띄어쓰기 하면 뜻이 달라집니다.

(4) 헌신

김 대리 : 오늘 구름 한 점 없는 화창한 봄날이네.

장 대리 : 화창한 봄날이면 뭐 해? 마음은 추운 겨울 날씨 같은데.

김 대리 : 왜, 갑자기 힘 빠지는 소리를 해? 무슨 일 생겼어?

장 대리 : 회사가 이렇게 돼 가면 회사에 헌신할 마음이 안 생기지. 글쎄, 이번에 영업부의 강 부장이 사표를 내게 되었대.

김 대리 : 그 분은 회사를 위해 헌신해 왔는데.

장 대리 : 한편으로는 합리적이고, 다른 한편으로는 추진력이 부족하대.

김 대리 : 헌신적으로 일해 왔는데, 헌신짝처럼 버림 받았으니...

장 대리 : 그러면 누가 회사를 위해 헌신하겠어?

김 대리 : 사장님이 헌 신을 버리고 새 신을 신으려고 하나? ㅎㅎㅎ

장 대리 : 설마 사모님에게는 그렇게 안 하겠지

김 대리 : 누가 알아? 눈에 안 띄면 헌 신인지 새 신인지 잘 몰라. ㅋㅋㅋ

'헌신짝'은 값어치가 없어 버려도 아깝지 아니한 것을 비유적으로 나타내는 말로 '헌신짝 버리듯'이라는 관용구로도 잘 쓰입니다.

(5) 막걸리

선배 : 오늘 날씨가 촉촉한 게 술 한잔하기에 딱 좋네.

후배 : 어떻게 그렇게 내 마음을 잘 알죠? 선배님, 멋쟁이.

선배 : 그럼, 잘됐어. 오늘 이야기 나온 김에 한잔하자.

후배 : 술은 여러 가지가 있는데 뭐가 좋겠어요?

선배 : 나는 다른 것은 다 좋은데 막걸리는 잘 못 마시겠어.

후배 : 선배님은 술은 별로 안 가리는 편인데, 막걸리는 특별한 이유라도 있어요?

선배 : 그게 아니고, 막걸리는 목에 막 걸리던데. ㅎㅎㅎ

후배 : 아니, 나는 막걸리가 너무 환상적이에요.

선배 : 환상적이라니? 그건 또 무슨 소리지?

후배 : 나는 오히려 막걸리가 막 끌리던데요. ㅋㅋㅋ

선배 : 막걸리가 막 걸리든 막 끌리든 오늘 한번 마셔 보자.

후배 : 와~ 벌써 목이 시원한 느낌이 드네요.

} '-장이'가 붙는 단어들은 '미장이'처럼 기술자의 의미를 가지는 경우에 '-장이', 그 외에는 '멋쟁이'처럼 '-쟁이'가 붙는 형태를 표준어로 삼습니다.

(6) 구두신고

윤 상사 : 김 하사, 오늘 표정이 밝고 기분이 아주 좋아 보이네.

김 하사 : 네, 오늘 외출 좀 나가려고 합니다.

윤 상사 : 오, 그래? 오늘 외출 나가기에는 딱 좋은 날씨구먼.

김 하사 : 이번에는 오래간만에 나가는 외출이라 할 일이 많습니다. 나가는 김에 구두 수선도 좀 맡기려고 합니다.

윤 상사 : 그래, 외출 신고는 다 끝났고?

김 하사 : 네, 서면신고는 다 끝났고 구두신고만 남았습니다.

윤 상사 : 그런데 김 하사, 지금 복장이 그게 뭔가? 슬리퍼 신고 신고하나? 구두 신고 신고해야지!

김 하사 : 아, 죄송합니다. 수선할 구두에 신경 쓰는 나머지...

윤 상사 : 구두신고는 구두 신고 신고하는 거야. 알았어? ㅎㅎㅎ

김 하사 : 네, 구두신고의 진정한 뜻을 알았습니다. ㅎㅎㅎ

} '신고(申告)'에는 일반적으로 '서면신고(書面申告)'와 '구두신고(口頭申告)'가 있습니다.

(7) 다그치다

남편 : 밖에 비도 오고 밤이 늦은데 우리 애는 아직 안 들어왔어?

아내 : 오늘도 아마 좀 늦을 것 같네요. 아까 전화가 왔어요.

남편 : 정말 큰일이네. 매일 이렇게 늦으니...

아내 : 여보, 다 큰 아들을 너무 다그치지 마세요.

남편 : 매일 밤늦게까지 술을 마시고 오니까 그렇지.

아내 : 당신도 젊었을 때 아버님이 당신을 다그치고 했잖아요. 술을 마시는 것도 부전자전, 다그치는 것도 부전자전... ㅎㅎㅎ

남편 : 했던 이야기 또 하는 것도 모전자전인가? ㅋㅋㅋ

아내 : 아들이 일찍 들어오겠다고 하니까 당신 다그치는 것도 이제 다 그치세요.

남편 : 이게 다 가족 건강을 생각해서 하는 이야기지.

아내 : 어머, 밖을 한번 보세요. 비가 다 그쳤네.

남편 : 내가 다그치는 것을 그치려고 하니까 비가 다 그치네. ㅎㅎㅎ

} '부전자전(父傳子傳)'은 아들의 성격이나 생활 습관 따위가 아버지로부터 대물림된 것처럼 같거나 비슷하다는 뜻입니다.

(8) 이상하다

선배 : 오래간만이네. 잘 지냈어? 내 생각도 많이 하고?

후배 : 네, 거짓말 좀 보태서 늘 선배님 생각만 해요. ㅋㅋㅋ

선배 : 거짓말이라도 기분은 좋네. 그건 그렇고, 지난번에 같이 만난 네 친구 있지? 걔를 우연히 길에서 만났는데 좀 이상했어.

후배 : 걔, 아주 똑똑한데 뭐가 이상했어요?

선배 : 내가 어디에 가느냐고 물었더니, 이 아프다고 하며 이비인후과에 간대. 좀 이상하다고 느꼈어.

후배 : 아니, 이가 상했으면 치과에 가야지 왜 이비인후과에 가? 이상한데... ???

선배 : 내 말이 그 말이야. 이 상하면 당연히 치과지.

후배 : 몹시 아프니까 인후염으로 알았나? 선배님, 너무 따지지 마세요. 너무 따지면 선배님도 이상해져요. ㅎㅎㅎ

선배 : 어쨌든 이 상하면 치과에 가는 게 당연하고 안 이상하지. ㅋㅋㅋ

} '이 아프다'는 '이' 뒤에 주격조사 '가'가 생략된 형태입니다. 구어체(회화체)에서는 보통 생략하는 경우가 많습니다.

(9) 양도소득세

삼촌 : 너, 많이 예뻐졌구나. 요즈음 회사에는 잘 다니고 있고?

조카 : 네, 잘 다니고 있어요. 삼촌, 얼굴이 아주 좋아 보이는데 무슨 좋은 일이라도 있으세요?

삼촌 : 그동안 목장에서 키우던 소도 팔고 양도 좀 팔았어.

조카 : 아, 그래서 그런지 얼굴이 좋아 보이네요. 돈이 좀 되고 소득도 제법 많이 생겼겠네요. ㅎㅎㅎ

삼촌 : 소득은 무슨 소득! 양도소득세 내는 데 다 들어갔지.

조카 : 어머 삼촌, 양도 소득세 낸다고요?

삼촌 : 그게 아니고, 얼마 전에 아파트를 팔았는데 양도소득세가 많이 나왔어. 그래서 양도 팔아 양도소득세를 낸 거야.

조카 : 나는 양도 소득세 낸다기에 깜짝 놀랐어요. ㅎㅎㅎ

삼촌 : 너는 유머 감각이 여전히 살아 있네. ㅎㅎㅎ

} '양도소득세(讓渡所得稅)'는 토지, 건물 따위를 유상으로 양도하여 얻은 소득에 대하여 부과하는 조세를 말합니다.

(10) 즐거운가요

여친 : 오빠, 지난 주말에 벚꽃축제에 갔다 왔다면서?

남친 : 네가 중간고사를 앞두고 있어 같이 못 가서 몹시 아쉬웠지.

여친 : 그래, 축제는 재미있고 즐거웠어?

남친 : 참 재미있었는데 특히 사회자가 엄청 재치가 있더군.

여친 : 어떤 재치? 오빠가 아주 감동할 정도였는가 보네.

남친 : 사회자가 '여러분, 아주 즐거운가요?'라고 청중들에게 묻더니만, 바로 '지금부터 즐거운 가요 시간입니다.'라고 하잖아. ㅎㅎㅎ

여친 : 와~ 띄어쓰기 한 번에 뜻이 달라지네.

남친 : 나도 앞으로 '신나는가요?'를 상황에 따라 '신나는 가요'라고 응용해서 써먹어야겠어. ㅎㅎㅎ

여친 : 스스로 창작해야지, 모방을 하면 신선미가 떨어져. ㅋㅋㅋ

남친 : 야, 모방도 제2의 창작이라는 걸 몰라?

} 한 TV방송의 '즐거운가요'라는 프로그램을 하나의 소재로 인용했습니다.

4. 붙여쓰기

(1) 공 사장

공 사장 : 감 사장, 잘 지내고 있어? 사업은 여전히 잘 되고?

감 사장 : 네, 선배님 덕분에 사업은 그럭저럭 되는 편이에요. 선배님 사업은요?

공 사장 : 나는 사업은 좀 되는 편이지만, 기분이 별로 안 좋아.

감 사장 : 기분이 별로 안 좋다니, 그건 무슨 뜻이에요?

공 사장 : 감 사장은 '감'이라는 성을 정말 잘 타고났네.

감 사장 : 아니, 선배님. 공 사장의 '공'이라는 성에 대해 불만이에요?

공 사장 : 우리 회사는 토목회사도 건설회사도 아닌데, 나는 어디 가나 공사장에서 일하는 사람인 줄 알아. ㅎㅎㅎ

감 사장 : 그래도 공사장이 있으니 돈이 되잖아요? 저는 감사장 한 장뿐, 돈이 안 돼요. 빛 좋은 개살구예요. ㅎㅎㅎ

공 사장 : 듣고 보니 조상께 감사해야겠군.

감 사장 : 네, 이 공사장 저 공사장 가리지 않고 감사하는 마음이 중요해요. ㅋㅋㅋ

} '빛 좋은 개살구'는 겉만 그럴듯하고 실속이 없는 경우를 비유하는 속담입니다.

(2) 나 물

주인 : 어서 오세요. 아유, 오래간만이네요.

손님 : 오늘은 친구들과 같이 왔어요. 여전히 손님이 많네요.

주인 : 네, 고맙습니다. 저기 안쪽으로 편하게 앉으세요.

손님 : 이 집 음식은 참 깔끔하고 맛있어. 친구들, 우리 오늘 이 집에 오기를 잘했지? 그런데 나는 목이 몹시 마른데... 사장님! 나 물 좀 주세요.

주인 : 네, 조금만 기다려 주세요.

손님 : 아, 술과 나물이 먼저 나왔네. 시금치나물, 냉이나물, 숙주나물... 나물 종류도 많네. 맛있게 들자.

주인 : 많이 드세요. 모자라면 더 드릴게요.

손님 : 사장님! 아까 '나 물 좀 주세요'라고 했는데 물은 안 가져오네요.

주인 : 미안합니다. 저는 '나물 좀 주세요'라고 들었어요. ㅎㅎㅎ

손님 : 말 되네요. 아무튼 물이든 나물이든 맛있게 먹을게요. ㅎㅎㅎ

} '맛집'은 음식의 맛이 뛰어나기로 유명한 음식점으로 비교적 최근에 많이 쓰이고 있는 단어입니다.

(3) 너 구리

선배 : 후배 너, 이번 여름방학 동안 어떻게 보냈어? 즐거웠어?

후배 : 즐겁기는커녕 선배님과는 달리 해외여행도 못 가고 정말 힘들었어요. 역시 부모를 잘 만나야 하는데…

선배 : 아, 미안. 방학 전에 내가 해외여행 계획을 괜히 너에게 이야기했구나. 그러고 보니 얼굴이 많이 탔네.

후배 : 해수욕장에서 알바하느라고 엄청 고생했어요.

선배 : 고생은 했겠지만 너, 구리 빛 얼굴이 건강하게 보여 보기 좋아.

후배 : 선배님, 내 얼굴이 너구리 빛이라고요? 이건 욕이에요, 칭찬이에요? ㅎㅎㅎ

선배 : 검붉게 탄 건강한 너의 구리 빛 얼굴이라는 뜻이잖아. 이건 욕이 아니고 당연히 칭찬이지. ㅎㅎㅎ

후배 : 그러면 요즈음 구리 가격이 비싼데 내 얼굴도 비싸겠네. ㅋㅋㅋ

선배 : 지금은 잘 안 하지만, 전에는 너구리 목도리도 비쌌지.

> 문어체(문장체)에서는 '너,'처럼 부르거나 대답하는 말 뒤에는 보통 쉼표를 붙이지만, 구어체(회화체)에서는 음성이 매개체가 되기 때문에 이러한 경우 대개 휴지(休止), 포즈(Pause)를 두어 구별합니다.

(4) 다 물어

교사 : 그러면 오늘은 이것으로 '임진왜란'에 대한 수업은 마치기로 하겠어.

학생 : 선생님, 질문이 있는데, 물어봐도 됩니까?

교사 : 그래, 모르는 것이 있으면 무엇이든지 다 물어. 그런데 너는 조금 전까지도 졸고 있었잖아?

학생 : 아니에요. 눈을 감고 열심히 듣고 있었어요.

교사 : 이거 졸고 있었는지 듣고 있었는지 확인할 길이 없네. 아무튼 좋아. 그래 다 물어봐.

학생 : '임진왜란'은 언제 일어났어요?

교사 : 어허 참, 아까 1592년이라고 이야기했잖아.

학생 : 선생님이 다 물어보라고 해서 다시 물어본 건데요. ㅎㅎㅎ

교사 : 안되겠어. 너는 입 다물어. ㅋㅋㅋ

학생 : 선생님, 미안해요. 다시는 수업 중에 안 졸게요. ㅎㅎㅎ

} '물어보다'는 표준국어대사전에 합성동사(합성어)로 분류하여 하나의 단어로서 붙여 쓰지만, '먹어 보다'는 본동사와 보조동사로서 띄어 씁니다

(5) 막 내다

엄마 : 우리 아들, 오늘 왜 이렇게 밤늦게 들어오니?

아들 : 친구들하고 어울려 즐거운 시간을 보내느라 좀 늦었어요.

엄마 : 아, 그러고 보니 너 오늘 얼큰하게 한잔했구나.

아들 : 오늘 기말고사도 끝나고 해서 친구들과 기분 좋게 한잔했는데, 오늘은 내가 한잔 쏘았어요.

엄마 : 입만 갖고 다니면서 늘 얻어먹기만 하면 추하게 보이지만, 그렇다고 해서 막 내면 안돼.

아들 : 아직 학생 처지에 막 낼 돈도 없잖아요.

엄마 : 나는 네가 막내로 자라서 세상 물정 모르고 막 내는 줄 알았지. 부모가 보기에는 그런 생각도 들지. ㅎㅎㅎ

아들 : 엄마, 내가 아무리 막내면 막내지, 아무 생각 없이 막 내지는 않아요. ㅎㅎㅎ

엄마 : 얘, 천천히 말해. 뭐가 뭔지 모르겠어. ㅋㅋㅋ

} '쏘았어요'의 '쏘다'는 '값을 치르다, 한턱내다'의 뜻으로 젊은이들 사이에 많이 쓰이지만, 아직 표준국어대사전의 표제어 '쏘다'에는 이러한 뜻이 등재되어 있지 않습니다.

(6) 안 주네

동료 A : 오늘 불금이고 하니까 우리 모처럼 시원한 맥주나 한잔해.

동료 B : 맥주는 배만 부르고 나는 소주로 하고 싶은데 내가 양보할게. 좋아, 그럼 맥주로 해.

동료 A : 와~ 여성 주당이네. 전에는 술은 입에도 못 대더니만.

동료 B : 회사 생활 하다 보니까 그렇게 발전했지. ㅋㅋㅋ

동료 A : 그건 그렇고, 우리 맥주 주문한 지 꽤 됐지?

동료 B : 그럼, 꽤 됐어. 손님이 많아서 그런지 왜 이렇게 안 주지?

동료 A : 치킨을 안주로 해서 한잔하고 싶은데 영 안 주네.

동료 B : 여기요! 아까 시킨 맥주하고 치킨 안 줘요?

동료 A : 아, 말하는 순간 치킨하고 맥주가 나오네.

동료 B : 자, 오래간만에 시원하게 한잔하자.

동료 A : 그런데 치킨이 맛있는데도 안주가 안 주네. 빨리 들어. 역시 맥주에는 치킨이 안주네. ㅎㅎㅎ

> 한국은 흔히 '불금(불타는 금요일)'이라고 하며, 일본은 '花金(はなきん, 하나킹, 꽃 피는 금요일)'이라고 합니다. 한국은 동적이고, 일본은 정적인 면을 엿볼 수 있습니다.

(7) 돈만 드는

남친 : 이번에 지하철에 붙어 있는 기발한 광고를 봤어.

여친 : 뭔데? 오빠는 감동을 잘 안 하는데 이렇게 감동을 하다니.

남친 : '돈만 드는 광고, 돈 만드는 광고' ㅎㅎㅎ

여친 : 이게 뭐야? 별것 아니잖아?

남친 : 어휴, 이렇게 머리가 안 돌아가? 딱 보면 기발함이 보이잖아!

여친 : 알기 쉽게 설명해 줘. 내가 맛있는 커피 한잔 살게.

남친 : 광고를 잘못하면 돈만 들고, 잘하면 돈 만드는 광고가 되잖아?

여친 : 아, 맞네. 띄어쓰기와 붙여쓰기에 따라 뜻이 확 달라지네.

남친 : 내가 그 광고회사 사장이라면 이 문구를 개발한 담당자를 특진시키고 포상하겠어.

여친 : 오빠, 내가 바로 '돈만 드는 여자'가 아니고 '돈 만드는 여자'야. ㅎㅎㅎ

남친 : 캬~ 네가 내 머리보다 더 잘 돌아가네. ㅋㅋㅋ

} '돈만 드는 광고, 돈 만드는 광고'라는 한 광고회사의 홍보물을 하나의 소재로 인용했습니다.

(8) 싸 가지고

동료 A : 회사도 인간 세상이니까 역시 온갖 사람들이 다 모여 있군.

동료 B : 갑자기 세상 이야기를 하고 왜 그래?

동료 A : 총무과의 최 대리는 보기와는 완전 다르네.

동료 B : 나는 좋은 인상을 가지고 있는데 무슨 일이 있었어? 사람마다 성격이 다르기 마련이지.

동료 A : 어제 회식 시간이 끝날 무렵 남은 족발을 싸 가지고 가겠다며 싸달라고 하잖아. 싸가지가 없는 것 같아.

동료 B : 그야 남은 게 아까우니까 싸 가는 게 당연하지.

동료 A : 아니, 많이 남았으면 말도 안 해. ㅋㅋㅋ

동료 B : 많이 남았든 안 남았든 싸 가지고 간다고 싸가지가 없다고 하면 어떡해? 생각이 다를 뿐이지.

동료 A : 그럼 나는 싸가지가 있으니까 많이 남아도 못 싸 가지고 가겠네. ㅋㅋㅋ

} '싸가지'는 방언으로서 사람에 대한 예의나 배려를 속되게 이르는 말입니다.

(9) 정 말이야

박 과장 : 부장님, 참 세상에는 생각지도 않은 일이 가끔 일어나네요.

이 부장 : 그럴 수 있지. 그런데 무슨 좋은 일이 생겼어?

박 과장 : 어제 구내식당에서 화제가 된 이야기인데, 전산실의 윤 대리가 이번에 결혼한다고 하네요.

이 부장 : 나는 처음 듣는 이야기인데 상대는 누구지?

박 과장 : 회사에서 인기가 있는 기획실의 미스 정이래요.

이 부장 : 아니, 그 예쁜 미스 정 말이야? 그것 정말이야? ㅎㅎㅎ

박 과장 : 부장님, 왜 그렇게 놀라세요?

이 부장 : 평소 밝은 미소와 인사성이 좋아 잘 기억하고 있지.

박 과장 : 윤 대리가 미스 정과 결혼하는 것은 정말이지 잘된 것 같아요.

이 부장 : 그런데 윤 대리가 미스 정을 언제 꼬셨는지 모르겠어. ㅎㅎㅎ

박 과장 : 어머, 부장님. '꼬시다'라는 말도 아세요? ㅋㅋㅋ

} '꼬시다'는 동사 '꾀다'를 속되게 이르는 말입니다.

(10) 식사비 포함

후배 : 선배님, 이번 주에 기말고사가 끝나고, 다음 주에 바로 단합대회 간다는데 정말 재미있겠어요.

선배 : 나는 다음 주에 일이 있어서 단합대회에 못 갈 것 같아.

후배 : 아~ 싫어요. 선배님 안 가면 나도 가기 싫어요.

선배 : 얘가 왜 이래? 그래, 네가 그러면 할 수 없지. 꼭 갈게.

후배 : 그런데 이번 야유회 회비는 얼마씩 내어야 돼요?

선배 : 문자메시지 좀 봐. '식사비 포함' 5만원으로 나와 있잖아.

후배 : 이게 어디 '식사비 포함'이에요?

선배 : 그러고 보니, 띄어쓰기 없이 '식사비포함'이네.

후배 : 이건 '식사 비포함'이라는 뜻 아니예요? ㅋㅋㅋ

선배 : 그럴 리가 있겠어? 그러면 누가 사겠어?

후배 : '식사비 포함'인지, '식사 비포함'인지 띄어쓰기가 이렇게 중요하네요. ㅎㅎㅎ

} '띄어쓰기'는 애매할 때가 많은데, 이 경우 국립국어원의 '한글 맞춤법 제5장 띄어쓰기'를 참고하면 편리합니다.

5. 본말·준말·생략

(1) 걔

아빠 : 지난 주말에 강변 공원에서 만난 네 친구 있잖아? 걔는 개를 아주 좋아하는 모양이지?

딸　 : 아빠, 내 친구 누구 말이에요?

아빠 : 공원에 개를 두 마리씩이나 데리고 나온 친구 말이야.

딸　 : 아~ 그 친구는 사람보다 개를 좋아할 정도예요.

아빠 : 걔가 개를 특히 좋아하는 무슨 이유라도 있어?

딸　 : 잘은 모르겠는데, 어릴 때부터 고양이는 별로인데 개를 특히 좋아한대요.

아빠 : 그때 데리고 나온 개는 귀여운 애완견이던데.

딸　 : 그뿐만 아니에요. 걔는 평소 쓰는 말 중에도 개가 많이 들어가요. 개꿈, 개떡, 개살구 같은 단어를 많이 써요. ㅎㅎㅎ

아빠 : 얘, 그 친구 없는 데서 걔 이야기는 그만하자. ㅎㅎㅎ

딸　 : 맞아요. 괜히 개수작 부리는 것 같네요. ㅋㅋㅋ

} - '걔'는 '그 아이'의 준말입니다. 특히 구어체(회화체)에서는 본말보다 준말을 많이 쓰는 경향이 있습니다.
- '개 꿈, 개떡, 개살구'의 '개-'는 '질이 떨어지는, 헛된, 쓸데없는'의 뜻을 더하는 접두사입니다.

(2) 난

동생 : 누나, 오늘 오후에 사무실에 놀러 갈까 하는데 괜찮아?

누나 : 그래, 대환영이야. 와서 차나 한잔하자.

동생 : 그럼 오후 2시경에 시간을 내어 찾아갈게. 기다려.

누나 : 걱정 마. 난 오후에는 쭉 사무실에 있을 거야.

동생 : (3시간 후) 야~ 사무실 잘 꾸몄네. 그런데 웬 난이 이렇게 많아?

누나 : 난 난을 너무 좋아해서 시간만 나면 이렇게 꾸며.

동생 : 꽃이 예쁜 서양란, 향이 좋은 동양란이네. ㅎㅎㅎ

누나 : 너도 전에 사무실에서 난을 키우던데, 지금도 잘 키우고 있는지 모르겠네. 한 번 보고 싶어.

동생 : 지금은 난 난을 안 키워. 손이 너무 가서...

누나 : 게임하는 시간을 줄이고, 그만큼 난에 정성을 들이면 난이 너를 참 좋아할 텐데. ㅎㅎㅎ

} '난'은 '나는'의 준말로 구어체(회화체)에서 널리 쓰입니다. 또한 '란(蘭)'은 두음법칙에 의해 단어의 첫머리에 올 때 '난'으로 발음됩니다.

(3) 새

남친 : 우리 오래간만에 만났는데 맛있는 커피숍에 갈까?

여친 : 오빠는 커피를 참 좋아하는데, 이 부근에 어디 맛있는 집 있어?

남친 : 응, 조금만 가면 유명 브랜드의 커피숍이 있어.

여친 : 우리 만난 지가 <u>어느새</u> 1년이 다 되었네. ㅎㅎㅎ

남친 : 그런데 방금 아파트와 아파트 <u>새로</u> 뭔가 하나 지나간 것 같은데?

여친 : 조그마한 <u>새</u>가 한 마리 날아갔잖아.

남친 : 와~ 빠르네. 눈 깜짝할 <u>새</u> <u>새</u>가 한 마리 지나갔네. ㅎㅎㅎ

여친 : 오빠, 세계에서 제일 빠른 <u>새</u>가 뭔지 알아?

남친 : 옛날에 자주 들은 문제인데... 매? 아니면, 독수리?

여친 : 어휴, 정말 답답해. 눈 깜짝할 <u>새</u>잖아. 오빠는 그 머리로 어떻게 공부하고 있어? ㅋㅋㅋ

남친 : 뭐? 귀여운 네 얼굴이 <u>어느새</u> 미워 보일 수가 있어. ㅋㅋㅋ

} '새로'의 '새'는 '사이'의 준말입니다. 또한 '어느새'는 '어느 틈에 벌써'라는 뜻을 지닌 합성어로서 부사로 쓰입니다.

(4) 쑥

후배 : 오늘은 날씨가 따뜻하고 완연한 봄날이네요.

선배 : 그러게 말이야. 모처럼 야유회를 나오니까 기분도 상쾌하네.

후배 : 땅에서 파란 새싹들이 여기저기에서 올라와요.

선배 : 우리 오늘 운동 삼아 봄나물을 좀 캘까? 어때?

후배 : 좋아요. 선배님, 마침 냉이와 쑥이 눈에 제법 띄네요. 많이 캐서 집에 가지고 가 무쳐 먹으면 맛있겠어요.

선배 : 자, 이 비닐봉지에 냉이, 쑥 넣기로 해.

후배 : 선배님, 냉이만 넣으면 어떡해요. 애써서 캔 쑥도 넣어야 하잖아요? ㅎㅎㅎ

선배 : 그럼, 쑥도 넣어야지. 내가 언제 쑥을 넣지 말라고 했어?

후배 : 선배님이 냉이 쑥 넣어라고 했잖아요!

선배 : 아, 내 말을 오해했군. 나는 냉이와 쑥을 넣으라는 뜻이야.

후배 : 두 사람 다 오늘 쑥스럽게 되었네요. ㅋㅋㅋ

'쑥을'에서 조사 '을'을 생략하면 부사 '쑥'과 혼동하기 쉽습니다.

(5) 애

엄마 : <u>애</u>, 너 오늘 낮에 집에 쭉 있을 거지?

아들 : 왜요? 오늘 오후에 친구와 약속이 있는데요.

엄마 : 내가 좀 부탁하자. 오늘 외출하지 말고 <u>애</u> 좀 봐.

아들 : 엄마, 갑작스럽게 이야기하면 어떻게 해요.

엄마 : 갑작스럽게 그렇게 된 거야. 나도 어떻게 할 수가 없어.

아들 : 모처럼 고등학교 친구와 약속이 있어 <u>애</u> 볼 시간이 없단 말이에요.

엄마 : 느닷없이 너희 이모가 <u>애</u>를 맡겨 놓았으니, <u>애</u> 때문에 나도 꼼짝을 못 하게 된 거야. ㅉㅉㅉ

아들 : 이모가 용돈을 두둑하게 주면 한번 생각해 보겠는데. ㅎㅎㅎ

엄마 : <u>얘</u>는 왜 이래? 얌체 같은 소리만 하네.

아들 : 엄마, 지난번에도 <u>애</u>를 본 적이 있는데 <u>애</u>는 울고, 나는 애가 타고, 정말 혼난적이 있어서 그래요. ㅋㅋㅋ

} '얘,'의 '얘'는 어른이 아이를 부를 때 쓰는 감탄사이고, '애 좀 봐'의 '애'는 '아이'의 준말입니다. 그리고 '얘는'의 '얘'는 '이 아이'의 준말입니다.

(6) 전

아빠 : 야~ 오늘 모처럼 우리 딸과 일요일을 집에서 같이 보내니 참 기분이 좋고 마음이 든든하네.

딸 : 저도 아빠와 같이 일요일을 보내는 게 오래간만이네요.

아빠 : 효녀가 따로 있는 게 아니구나. 그런데 지금 뭐 하고 있어? 아주 맛있는 냄새가 코를 자극하네.

딸 : 전 지금 아빠가 좋아하는 전을 부치고 있어요.

아빠 : 굉장히 고소한 냄새가 나는데 어떤 전인데?

딸 : 파전, 부추전, 김치전 세 가지 다 부치고 있어요.

아빠 : 그래, 빨리 부쳐서 같이 맛있게 먹자.

딸 : 전 진에는 전을 좋아했지만, 친구들과 전을 너무 많이 먹어 전에 질려서 이제는 전을 안 좋아해요. ㅎㅎㅎ

아빠 : 얘, 전이라는 말이 너무 많이 들어가니 내가 어지러울 지경이야. 전에는 안 그랬는데. ㅎㅎㅎ

} '전'은 '저는'의 준말로 구어체(회화체)에서 많이 쓰입니다.

(7) 골로

후배 : 오래간만에 등산을 하니까 기분이 상쾌하고 좋네요.

선배 : 너, 산을 잘 오르는 것 보니까 생각보다 체력이 좋구나.

후배 : 기분은 좋지만 힘이 들어요. 우리 시원한 <u>골</u>짜기로 내려가서 좀 쉬었다 가기로 해요.

선배 : 참 좋은 생각이야. 모처럼 등산을 하니까 나도 힘이 들어.

후배 : 아, 선배님! 그리로 가면 안 돼요. 이리로 오세요.

선배 : 왜 안 돼? 무슨 위험한 일이라도 있어?

후배 : 그게 아니고, 골로 내려가려면 <u>욜로</u> 가야 돼요.

선배 : 그러네. 골로 내려가려면 <u>골로</u> 가는 게 맞네.

후배 : 야~ 생각보다 물도 많고 골이 깊네요.

선배 : 그렇게 좋아하지 말고 내려갈 때 조심해야 돼. 잘못하면 일찌감치 <u>골로</u> 가는 수가 있어. ㅋㅋㅋ

} - '욜로'는 '요리로'의 준말이며, '골로'는 '고리로'의 준말입니다.
 - '골로 가다'는 '죽다'를 속되게 표현하는 관용구입니다.

(8) 알바

엄마 : 요즈음 우리 아들 얼굴 보기가 힘들어. 뭐 하는데? 여자 친구하고 데이트를 하는 거니?

아들 : 그게 아니고 밤늦게까지 알바를 좀 하고 있어서 그래요.

엄마 : 밤늦게까지 알바를 한다고? 그런데 알바라는 말을 많이 들었는데, 알바라는 말이 무슨 뜻이야?

아들 : 가까운 편의점에서 하는 아르바이트를 말해요.

엄마 : 그래, 힘은 안 들고? 건강에도 신경을 써야지. ㅉㅉㅉ

아들 : 편의점의 알바는 다른 알바에 비하면 편한 편이에요.

엄마 : 자세한 내용까지는 내가 알 바가 아니지만... ㅎㅎㅎ

아들 : 알 바가 아니라고요? 엄마, 농담이 엄청 늘었네요. 자세히 이야기 하면 엄마가 알던 바와 다를 거예요. ㅎㅎㅎ

엄마 : 내 농담도 다 네 덕분에 늘었어.

} '알바'는 '아르바이트'의 준말로서 독일어 'Arbeit'에서 온 외래어입니다.

(9) 절로

여친 : 우리 같이 야외로 나온 게 얼마만이야?

남친 : 그동안 시내에서만 만나다가 이렇게 야외로 나오니까 마음이 확 트이네. 우리 자주 오자.

여친 : 나는 좋은데 한동안 오빠가 너무 바빠서 그랬잖아.

남친 : 앞으로는 가능한 한 시간을 만들어 볼게. 그건 그렇고 저 산기슭에 우리가 찾아가려는 유명한 절이 있어.

여친 : 그럼, 오늘은 기분이 상쾌하고 신바람이 절로 나네. ㅎㅎㅎ

남친 : 어, 이 길이 맞아? 길이 헷갈리네. 내가 지금 절절매고 있잖아. 이리로 가면 길이 험해. 절로 가자.

여친 : 절로 가면 우리가 가려는 절로 갈 수가 있어?

남친 : 어느 길로 가든 절은 나와. 그 대신 절로 가면 길이 평탄하니까 나보고 고맙다고 절하겠지? ㅎㅎㅎ

} '절로'는 '저절로'의 준말이기도 하고, '저리로'의 준말이기도 합니다.

(10) 피카소 그림

학생 : 교수님과 같이 미술관에 나와 보니까 참 좋네요.

교수 : 교실에서 배운 강의 내용과 실제 작품을 보면서 감상하면 현실감이 살아나서 아주 효과적이지.

학생 : 이런 기회가 자주 있었으면 좋겠어요.

교수 : 그러게 말이야. 자주 만들어 보도록 하지. 그런데 '피카소 그림'이라는 말은 무슨 뜻인지 알아?

학생 : '피카소가 그린 그림'이라는 뜻 아니에요?

교수 : 맞아. 그런데 다른 뜻이 또 있어.

학생 : 아, 생각났어요. '피카소를 그린 그림'이라는 뜻이네요.

교수 : 맞아. 잘 아네. 또 다른 뜻을 한번 찾아봐.

학생 : '피카소가 소유한 그림'이라는 뜻도 있네요!

교수 : 야~ 역시 너는 내 제자야. ㅎㅎㅎ

} '피카소 그림'에서 '피카소'와 '그림' 사이에 '의'가 생략되어 있는데, 조사 '의'는 주체, 대상, 소유 등과 같은 많은 의미를 나타냅니다.

6. 외래어

(1) 쇼

선배 : 요즈음 국회의원 선거를 앞두고 공천을 둘러싸고 서로 헐뜯고 쇼를 하구먼.

후배 : 맞아요. 내가 보기에는 자질과 능력에서 뛰어난 사람도 있지만, 수준에 한참 못 미치는 사람도 많은 것 같아요. ㅋㅋㅋ

선배 : 일종의 자기도취에 빠진 사람도 많은 거지.

후배 : 선배님도 다음 국회의원 선거 때 한번 나가보시죠.

선배 : 나는 '국가와 국민을 위해서'라는 말을 잘 못해. 그래서 스스로 자질이 없다고 생각해. ㅎㅎㅎ

후배 : 겸손의 말씀. 왜, 당선되면 좋지 않아요?

선배 : 정치인은 정치 쇼를 많이 하는데, 나는 그걸 잘 못해.

후배 : 모든 의원이 정치 쇼를 하는 건 아니잖아요?

선배 : 물론 훌륭한 분도 많지만, 언행에서 쇼를 하는 사람도 많잖아. 그래서 나는 '쇼는 그만 하쇼'라고 말해 주고 싶어. ㅎㅎㅎ

} '쇼(Show)'는 보이거나 보도록 늘어놓는 일로서 우리 사회에서 널리 쓰이는 외래어입니다.

(2) 보기

박 전무 : 모처럼 주말에 골프장에 나왔더니 오늘 공기도 좋고 날씨도 맑아 머리 식히기에 딱 좋네.

정 부장 : 그렇네요. 오늘은 구름 한 점 없는 청명한 날씨네요.

박 전무 : 와~ 정 부장, 이번 홀에서 보기를 기록했네.

정 부장 : 예, 보기가 보기보다 많이 어렵네요. ㅎㅎㅎ

박 전무 : 골프에 입문한 지 얼마 안 되어 보기를 기록한 건 잘 친 거야. 타고난 소질이 있는 것 같군.

정 부장 : 이번에는 전무님께서 본보기로 홀인원을 한번 보여 주시죠. 충분히 가능하다고 생각합니다.

박 전무 : 평생에 한 번 하기도 어렵다는 홀인원을?

정 부장 : 그래도 맛보기로 한번 보고 싶은데요.

박 전무 : 정 부장은 직접 치기보다는 보기를 좋아하는구먼. ㅎㅎㅎ

} '보기(Bogey)'는 골프에서 기준타수보다 하나 많은 타수로 공을 홀에 넣는 것을 말하는 골프 용어입니다.

(3) 프로

딸 : 아빠, 다음 주 골프대회에서는 좋은 성적을 거두어야 될 텐데 신경이 많이 쓰이네요.

아빠 : 마음을 비우고 평소대로 치면 좋은 결과가 나올 거야.

딸 : 그렇게 생각하면서도 자꾸 부담이 돼요.

아빠 : 그런데 이번 대회에 프로와 아마가 모두 참가한다면서?

딸 : 네, 프로는 프로대로 아마는 아마대로 모두 참가해서 각각 축제의 한마당이 될 거예요.

아빠 : 그 중에서 프로선수는 몇 프로나 될까?

딸 : 정확히는 모르지만, 대다수가 프로라고 들었어요.

아빠 : 그러면 아마는 없고 완전 프로 판이네. ㅎㅎㅎ

딸 : 아빠, 프로판이라고요? 골프대회에 그 위험한 프로판 가스가 왜 나와요? 정말 무서워요. ㅋㅋㅋ

} '프로'는 '프로페셔널(Professional)'의 준말이며, '아마'는 '아마추어(Amateur)'의 준말입니다. 또한 '프로'는 'Procent'에서 온 말로 '퍼센트(Percent)'를 뜻하기도 합니다.

(4) 비올라

남친 : 야~ 길에서 이렇게 만나다니 정말 반가워.

여친 : 그러네. 한동안 못 봤는데 나도 기뻐. 그동안 잘 지냈어?

남친 : 그런데 지금 들고 있는 게 바이올린이야?

여친 : 아니, 바이올린과 비슷하게 보이지만 조금 더 큰 비올라야. 바이올린에서 비올라로 바꾸었어.

남친 : 전부터 바이올린 배우고 있다고 그랬잖아?

여친 : 비올라의 음이 더 매력적으로 느껴져서 얼마 전에 바꾸었어. 바꾸고 보니까 잘했다는 생각이 들어.

남친 : 그럼 지금 비올라 레슨 받으러 가는 길이야?

여친 : 그러지 않아도 날씨가 안 좋아서 갈까 말까 하고 많이 망설이다가 가기로 마음 먹고 나온 거야.

남친 : 빨리 서둘러 가. 곧 비 올라! ㅋㅋㅋ

} '바이올린(Violin)'과 '비올라(Viola)'는 서양 현악기의 하나입니다.

(5) 비키니

후배 : 선배, 우리 오늘 해운대해수욕장에 한번 가볼까?

선배 : 아~ 그것 좋은 생각이야. 그래 가자.

후배 : 아니, 그런데 기다렸다는 듯이 왜 그렇게 좋아해?

선배 : 나는 해수욕장에 나오면 비키니 입은 여자가 좋더라. 잊을 수 없는 추억이 있어서 그래. ㅎㅎㅎ

후배 : 선배는 상당히 엉큼한 데가 있네.

선배 : 그게 아니고, 차의 경적을 울리면 비키니 입은 아가씨가 잘 비켜줘서 그래.

후배 : 차를 그렇게 잘 비키니? ㅎㅎㅎ

선배 : 지난번에도 비키니 입은 어떤 여성이 차를 잘 비켜 주길래 고맙다고 차 한잔 하자고 했지.

후배 : 그래, 그 결과 어떻게 됐어?

선배 : 말도 마. 두 번 다시 너를 못 볼 뻔했지. ㅋㅋㅋ

} '비키니(Bikini)'는 상하가 분리되어 브래지어와 팬티로 이루어진 수영복을 말합니다.

(6) 사우나

남친 : 모처럼 사우나를 하고 나오니까 정말 개운하네. 매일 이런 사우나를 하면 정말 좋겠는데.

여친 : 그래, 나도 기분이 날아갈 것 같아.

남친 : 그런데 이 친구들은 왜 이렇게 안 나오지?

여친 : 아까 오빠 친구 둘이 밖에서 심하게 다투다가 들어갔는데, 혹시 사우나에서 싸우나? ㅎㅎㅎ

남친 : 밖에서 조금만 더 기다려 보고 그래도 안 나오면 내가 들어가 볼게.

여친 : 기다리지 말고 미리 들어가 봐.

남친 : 이 친구 둘은 작년에도 사우나에서 싸우다가 옆 사람에게 망신을 당했는데 오늘도 그러면 큰일인데.

여친 : 또 망신을 당하면 안 되잖아.

남친 : 망신은 고사하고 자칫하면 사우나에서 다 익어 버려. ㅋㅋㅋ

} '사우나(Sauna)'는 핀란드식의 증기 목욕을 말합니다.

(7) 에티켓

아들 : 오늘 열차를 타고 오면서 정말 에티켓이 없는 사람을 봤어요. 서로가 기본 에티켓은 갖추어야 하잖아요?

엄마 : 네가 입에 담다니 도대체 어떤 사람인데?

아들 : 한 아주머니가 열차에 애를 데리고 탔는데 애 티켓도 없이 탄 거예요. 내가 봐도 기가 막혔어요. ㅎㅎㅎ

엄마 : 애 티켓도 없이 탔다고? 그래서 어떻게 됐어?

아들 : 승무원과 실랑이가 붙었는데 막무가내데요.

엄마 : 아니, 정말이지 애를 데리고 타면서 애 티켓도 없이 차를 타는 그런 에티켓이 없는 사람이 있나? ㅎㅎㅎ

아들 : 와~ 엄마 말솜씨가 장난이 아니네요. ㅋㅋㅋ

엄마 : 그게 다 훌륭한 우리 아들 덕분 아니냐.

아들 : 이제 엄마 여러 모임에 가도 주름잡겠어요.

} '에티켓(Etiquette)'은 예의, 예절, 품위 등을 뜻하는 외래어입니다.

(8) 미스터리

선배 : 내 친구 <u>미스터 리</u> 알지? 그 친구는 정말 유능하면서도 자기 주관이 분명한 개성 있는 기자야.

후배 : 아, 기억나요. 지난번에 같이 만났던 선배님 친구 말이죠? 저도 처음 만났지만 그런 인상을 받았어요.

선배 : 그런데 그 친구는 늘 우리 사회의 <u>미스터리</u> 사건만 다루고 있어. 그게 아주 재미가 있대.

후배 : 그야 당연하죠. 자기가 <u>미스터</u> 리니까. ㅎㅎㅎ

선배 : 오, 그 순발력 있는 재치는 아직도 여전하네.

후배 : 그분은 여자로 태어났으면 <u>미스터리</u> 사건은 아마 잘 못 다룰 거예요. 자기가 미스 리가 되니까. ㅋㅋㅋ

선배 : 잘 나가다가 왜 이래? 너무 <u>유치해</u>. ㅎㅎㅎ

후배 : 선배님, 저 <u>유치원</u>은 좋은데 나왔어요. ㅋㅋㅋ

} '미스터리(Mystery)'는 도저히 이해할 수 없는 이상한 일이나 사건을 말하는 외래어입니다.

(9) 아이보리

아내 : 여보, 당신 오늘 오후에 좀 한가하죠?

남편 : 특별한 일은 없어. 그런데 갑자기 옷을 차려입고 왜 그래?

아내 : 네, 좀 나갔다 와야겠어요.

남편 : 그러고 보니 당신 지금 입고 있는 아이보리 색깔의 화사한 원피스 참 잘 어울리네.

아내 : 정말요? 이 아이보리 원피스 입고 오래간만에 고등학교 동기회 모임에 갔다오려고 해요.

남편 : 그래, 즐거운 시간 보내고 와요.

아내 : 그런데 문제가 생겼어요. 우리 아이는 어쩌죠? 미안하지만, 오늘 아이는 당신이 좀 봐줄래요?

남편 : 당신이 그렇게 말하는데 어떻게 할 방법이 없네. 걱정 말고 다녀와요. 오늘 내가 아이 보리다. ㅎㅎㅎ

} '아이보리(Ivory)'는 코끼리의 상아, 상아색을 말하는 외래어입니다.

(10) 카리스마

여친 : 지난번에 우리 회사에서 특강이 있었는데 참 재미있었어.

남친 : 그래? 어떤 내용의 특강이었어?

여친 : 한국의 문화와 세계 속의 한류의 위상에 대한 내용이었어.

남친 : 특강 시간에 졸지는 않았고? ㅋㅋㅋ

여친 : 졸기는커녕 재미가 있어서 시간 가는 줄도 몰랐어. 게다가 그 강연하신 분의 카리스마가 대단했어.

남친 : 그분만 카리스마가 대단한 게 아냐. 나도 대단해.

여친 : 오빠가 무슨 카리스마가 대단해?

남친 : 나도 칼 있으마 썰기도 하고, 베기도 하고, 자르기도 하고, 못 하는 게 없어. 나도 정말 대단하지! ㅎㅎㅎ

여친 : 오빠가 칼 있으면 큰일 나겠어. 없는 게 정말 다행이지. 무서워서 어디 살겠어? ㅋㅋㅋ

} - '카리스마(Charisma)'는 절대적인 권위를 뜻하는 외래어입니다.
  - '칼 있으마'의 '있으마'는 '있으면'의 사투리입니다.

7. 의성어 · 의태어

(1) 맴맴

엄마 : 너는 지금 차려놓은 점심은 안 먹고 뭘 그렇게 골똘하게 생각하고 있어? 식기 전에 빨리 먹어.

아들 : 엄마, 그런데 참 이상한 게 있어.

엄마 : 뭐가 또 그렇게 이상한데? 빨리 먹으라니까.

아들 : 매미는 맴을 돌면서 맴맴 하고 울어야지, 왜 나무에 딱 붙어서 맴맴 하고 울지? 이상하잖아. ㅎㅎㅎ

엄마 : 그러면 개구리는 굴 속에 있어야만 개굴개굴 하고 우냐? 굴 밖에 있어도 개굴개굴 하고 울잖아? ㅎㅎㅎ

아들 : 와~ 우리 엄마 재미있게 설명하네.

엄마 : 동물들의 울음소리도 특성에 따라 다 달라.

아들 : 그래서 엄마는 늘 나보다 위에서 맴맴 하는구나. ㅋㅋㅋ

엄마 : 얘 좀 봐. 두뇌회전이 엄청 빠르네. 역시 내 아들이야. ㅎㅎㅎ

} '맴맴'은 부사입니다. 부사에는 사물의 소리를 흉내 내는 말인 의성어, 사물의 모양을 흉내 내는 말인 의태어가 있는데, 그 구분이 애매한 경우도 있습니다.

(2) 벌벌

선배 : 꽃이 이렇게 아름답게 피어 있으니까 경치도 좋지만, 활짝 핀 꽃송이가 마치 네 얼굴 같네.

후배 : 선배님, 왜 이러세요. 오늘 점심은 제가 살게요. 어, 그런데 여기도 벌 저기도 벌, 웬 벌이 이렇게 많죠?

선배 : 너, 평소에 나쁜 짓 많이 하는 것 아냐? ㅋㅋㅋ

후배 : 무슨 말씀을요. 저는 좋은 친구들과 좋은 일만 많이 하고 있어요. 남에게 베풀기도 많이 해요.

선배 : 벌이 오늘 너에게 벌을 주려고 모인 것 같은데... 아니, 농담이야. 가만히 있으면 괜찮아.

후배 : 와~ 선배님, 벌들이 모이니까 벌벌 떨리는데요.

선배 : 벌은 한 번 쏘면 자신도 죽으니까 잘 안 쏘지.

후배 : 어떻게 그리 잘 알죠? 선배님은 전생에 벌이었어요? ㅋㅋㅋ

} 꿀벌은 한 번 쏘면 죽게 되지만, 말벌은 침에서 독만 분비하고 침은 계속 사용하면서 죽지 않는다고 합니다.

(3) 쑥쑥

남친 : 날씨도 좋고 해서 너랑 같이 야외에 나왔더니 공기도 깨끗하고, 봄바람도 살랑살랑 불고 해서 기분이 참 좋네.

여친 : 오빠, 나랑 함께 하면 자연이 항상 축복해 줘. ㅎㅎㅎ

남친 : 너 좀 겸손할 줄 알아. 무슨 칭찬을 못 하겠어.

여친 : 내 큰 단점이 있는 그대로 말한다는 것 아냐? ㅋㅋㅋ

남친 : 그건 그렇고 이쪽으로 쑥 들어오니까 웬 쑥이 이렇게 많아?

여친 : 잘됐네. 우리 나온 김에 쑥 좀 뜯어 가자.

남친 : 와~ 여기에도 쑥이 쑥쑥, 저기에도 쑥이 쑥쑥 자라고 있네. 쑥이 너무 많아서 정신을 못 차릴 정도야. ㅎㅎㅎ

여친 : 오늘 저녁에 쑥국을 끓여 먹어야겠어.

남친 : 쑥을 보니까 생각나는데, 너는 왜 성적이 쑥쑥 안 오르니? ㅎㅎㅎ

여친 : 오빠, 내 자존심 건드렸지. 이번에는 내 차례야. 오빠는 왜 키가 쑥쑥 안 자랐어? ㅋㅋㅋ

} '쑥쑥'은 갑자기 많이 오르거나 내려가는 모양을 나타내는 부사입니다.

(4) 꼬치꼬치

김 상무 : 최 과장, 오늘 불금인데 저녁에 소주 한잔할까?

최 과장 : 저야 좋죠. 그런데 상무님도 불금이라는 말을 아세요?

김 상무 : 물론이지. 나는 정신적으로는 아직 젊어. 그런데 정 부장은 꼬치구이를 아주 좋아한다면서?

최 과장 : 네, 일본 주재원으로 근무할 때부터 즐기고 있죠.

김 상무 : 특히 꼬치구이는 청주 안주로 제격이지. 그럼 우리 오늘은 소주 말고 청주로 하기로 하지.

최 과장 : 좋습니다. 그런데 상무님, 꼬치는 그 식재료를 하나하나 알면서 음미하면 더욱 맛있어요.

김 상무 : 아니, 꼬치를 먹으면서 꼬치꼬치 따지면 술맛이 떨어지잖아? ㅎㅎㅎ

최 과장 : 업무 중에는 꼬치꼬치 안 따지는데요. ㅎㅎㅎ

김 상무 : 그 반대가 좋아. 업무는 꼬치꼬치, 술은 시원시원. ㅋㅋㅋ

} '청주'는 가끔 정종(正宗)이라고 하는 경우가 있는데, 正宗(まさむね, 마사무네)은 일본 청주 중의 한 상표명(브랜드)입니다.

(5) 끈적끈적

남친 : 어, 어디 아파? 안색이 좀 안 좋아 보이는데.

여친 : 맞아. 그동안 좀 고민해 온 게 있어서 그래.

남친 : 뭔데? 말해 봐. 내가 도와줄 수 있다면 도와줄게.

여친 : 오빠, 아무래도 우리 서로 성격이 안 맞는 것 같아.

남친 : 그래서 우리 헤어지자는 말이지?

여친 : 나도 깊이 생각해 봤는데 헤어지는 게 좋을 것 같은 생각이 들어.

남친 : 사실 나도 같은 생각이야. 나도 너의 관심을 별로 끈 적이 없고, 너도 나의 관심을 끈 적이 없어. ㅠㅠ

여친 : 맞아. 우리가 서로 끈 적이 없어서 끈적끈적할 정도로 가까운 사이가 아니었던 것 같아.

남친 : 말이 이렇게 나온 이상 끈적끈적 달라붙지 말고 헤어지자고. ㅠㅠ

여친 : 나중에 혹시 끈적끈적하게 가까운 사이가 될지도 모르지. ㅎㅎㅎ

} '끈적끈적'은 부사이고, '끈적끈적하다'는 형용사입니다.

(6) 부리부리

어린이 : 선생님, 오늘은 재미있는 이야기 좀 해 주세요.

선생님 : 알았어요. 동물의 세계, 아니면 식물의 세계 중에서 어느 것을 이야기해 주면 좋겠어요?

어린이 : 선생님이 정해서 재미있는 이야기를 해 주시면 돼요.

선생님 : 그러면 동물 중에서 새에 대한 이야기를 하겠어요. 솔개, 매, 올빼미가 서로 자기의 부리가 강하다고 겨루기로 했어요.

어린이 : 모두 다 사납고 무서운 새들이네요.

선생님 : 이 부리 시합에는 가장 무서운 독수리가 눈을 부리부리 뜬 채로 심판을 보게 되었어요. ㅎㅎㅎ

어린이 : 선생님, 지금 배가 너무 고프니까 먼저 주전부리 좀 해요.

선생님 : 아니, 주전부리라는 말은 어떻게 알아요 ????

어린이 : 우리 엄마가 매일 하니까 잘 알아요. ㅎㅎㅎ

} '주전부리'는 때를 가리지 아니하고 군음식을 자꾸 먹는 것을 말합니다.

(7) 아기자기

아내 : 자기야, 우리 결혼한 지도 벌써 꽤 됐지?

남편 : 맞아. 5년이란 세월이 눈 깜짝할 새 지나가 버렸어.

아내 : 그래도 우리 사이에 아기가 태어난 게 참으로 축복이라고 생각해. 같이 애지중지 잘 키우자.

남편 : 그야 당연하지. 우리의 재산이자 보물이니까.

아내 : 나는 우리 아기를 보면 마음이 흐뭇해.

남편 : 물론 나를 닮아서 마음이 흐뭇하겠지.

아내 : 응, 자기의 눈과 코를 보면 아기가 자기를 꼭 빼닮았어. ㅎㅎㅎ

남편 : 어? 듣고 보니 뭔가 불안한데. 또 주말에 백화점에 쇼핑하러 가자고 하는 것 아냐? ㅋㅋㅋ

아내 : 아냐, 우리 아기와 자기와 같이 아기자기하게 오래 살아. ㅎㅎㅎ

남편 : 당신 오늘 따라 말을 아기자기하게 너무 잘하네. 먹고 싶은 것 있으면 무엇이든 말해.

} '아기자기'는 부사이고, '아기자기하다'는 형용사입니다.

(8) 요리조리

학생 : 교수님, 겨울방학 동안 건강하게 잘 지내셨어요?

교수 : 방학이 끝나고 이렇게 다시 만나니 반가워요.

학생 : 이번에 우리 학과에 훌륭한 교수님이 새로 오신다고 들었어요.

교수 : 맞아요. 이번 신학기에 교수님이 한 분 부임해 오셨는데, 지금 여러분에게 소개하겠습니다.

학생 : 와~ 교수님, 반갑습니다. 환영합니다.

교수 : 새로 오신 교수님의 전공은 동양요리로서 이 분야에서는 우리나라에서도 유명하신 분입니다.

학생 : 교수님, 동양요리가 아니고, 동양조리 아니에요?

교수 : 아, 내가 요리와 조리를 요리조리 조금 혼동했네요. ㅎㅎㅎ

학생 : 교수님의 재치는 여전하시네요.

교수 : 재치도 조리가 가능한지 모르겠네. ㅋㅋㅋ

} '조리(調理)'는 식재료를 이용해서 음식을 만드는 과정을 말하고, '요리(料理)'는 조리과정을 통해 완성된 음식을 말합니다.

(9) 재깍재깍

이 전무 : 강 차장, 요즈음 많이 바쁜 모양이지?

강 차장 : 이번 주까지는 좀 바쁘지만, 다음 주부터는 좀 괜찮을 것 같습니다.

이 전무 : 내가 지난주에 지시한 신규 대리점 건은 어떻게 되었어? 지시를 하면 재깍 보고를 해야지.

강 차장 : 죄송합니다. 이번 주말을 이용해서 마무리하겠습니다. 다음 주 초에는 보고가 가능할 것 같습니다.

이 전무 : 시간은 항상 있는 게 아냐. 지금 이 시간에도 시계는 계속 재깍재깍 가고 있잖아? ㅎㅎㅎ

강 차장 : 전무님, 앞으로는 재깍 처리하도록 하겠습니다.

이 전무 : 강 차장은 사람은 좋은데 일을 재깍재깍 처리하지 못하는 면이 있어. 업무는 항상 신속, 정확해야 돼.

강 차장 : 네, 제 자신을 재깍 한번 되돌아보겠습니다. ㅎㅎㅎ

} '재깍'은 '재까닥'의 준말이고, '재깍재깍'은 '재까닥재까닥'의 준말입니다.

(10) 홀짝홀짝

동료 A : 자, 오늘 회사 일은 잊어버리고 시원하게 한잔해. 그리고 주말에 쉬고 다음주부터 또 달려.

동료 B : 그래, 그렇게 해. 이 집 생맥주 정말 시원하고 맛이 좋네. 그런데 우리 500cc 몇 잔 마셨지?

동료 A : 너 두 잔, 나 두 잔 마셨어.

동료 B : 술잔은 홀수로 마시지, 짝수로 마시는 게 아니래. 그래서 우리 한 잔씩 더 하기로 해.

동료 A : 홀수, 짝수를 생각하며 홀짝홀짝 마시면 취하지도 않겠네. 그래도 너무 많이 마시면 몇 잔 마셨는지 헷갈리겠어. ㅎㅎㅎ

동료 B : 아무리 맥주라도 홀짝홀짝 빨리 마시면 취하지. 내 경험으로는 아무리 도수가 약한 술이라도 빨리 마시면 다 취해.

동료 A : 앞으로 술은 1 3 5 7 9를 생각하며 마셔야겠네. ㅎㅎㅎ

} '500cc'의 'cc'는 'Cubic Centimeter'의 약자로서 부피를 나타내는 단위입니다.

8. 사자성어

(1) 감지덕지

교사 : 오늘은 우리 일상생활에서 자주 쓰이는 사자성어에 대해서 공부 하겠어요. 잘 듣고 많이 활용하세요.

학생 : 선생님, 재미있겠네요. 저도 관심이 많아요.

교사 : 관심이 많다니 다행이네. '감지덕지'가 무슨 뜻인지 아니?

학생 : 감나무 가지에 감이 덕지덕지 많이 붙어 있는 것 아니에요? 저는 감을 아주 좋아해서 감을 잘 잡아요. ㅋㅋㅋ

교사 : 너, 아주 용감무쌍하구나. 그래도 자신의 생각을 표현하는 것은 참 좋아.

학생 : 선생님, 죄송합니다. 괜히 농담 한번 해 봤어요.

교사 : 야~ 너, 많이 컸구나. 수업 시간에 농담도 다 하고.

학생 : 선생님께서 저의 농담을 너그럽게 받아 주셔서 감지덕지합니다. ㅎㅎㅎ

교사 : 너 '감지덕지'의 뜻을 잘 알고 있네.

- '감지덕지(感之德之)'는 분에 넘치는 듯하여 매우 고맙게 여기는 모양을 뜻합니다.
- 사자성어(四字成語)는 네 자로 이루어진 단어를 말하며, 여기에서는 단순한 합성어도 같이 다루었습니다.

(2) 독불장군

누나 : 너는 내 동생이지만, 참 고집이 센 것 같아.

동생 : 누나, 나는 고집이 세지 않아. 남의 이야기를 잘 듣고, 또 그 사정을 잘 받아들이려고 하는 편이야.

누나 : 완전히 딴소리하는 것 같네. 너, '독불장군'이라는 말 아니?

동생 : 그 정도는 상식이지. 제2차세계대전 때 많은 활약을 한 독일 장군과 불란서 장군을 말하는 것 아냐?

누나 : 어휴, 너는 너무 많이 알아서 탈이구나. ㅉㅉㅉ

동생 : 세계사 시간에 배운 것 같은데... ???

누나 : 어떤 일을 자기 생각대로 혼자서 처리하는 사람을 독불장군이라고 해. 좀 잘 알기나 해.

동생 : 그럼 고집불통이라는 말과 비슷하네.

누나 : 맞아. 그러면서도 너와 비슷해. ㅋㅋㅋ

} '독불장군(獨不將軍)'은 '혼자서 장군이 될 수 없다'는 뜻으로 남과 의논하고 협조해야 함을 나타내는 말입니다.

(3) 민주주의

선생님 : 지금부터 수업을 시작하겠어요. 오후 점심시간 이후라서 조금 졸리겠지만 잘 듣기 바랍니다.

김민주 : 선생님, 정신을 바짝 차려서 잘 듣겠습니다.

선생님 : 그래, 참 좋은 자세구나. 오늘은 <u>민주주의</u>와 공산주의에 대해서 비교하면서 설명하겠어요.

김민주 : 시험에도 잘 나오는 문제겠네요.

선생님 : 이것으로 그 차이에 대한 설명을 마치겠는데, 잘 이해가 되나요? 어, 그런데 민주가 지금 졸고 있잖아?

김민주 : 아이, 깜짝이야. 선생님, <u>민주주의</u>가 뭐예요?

선생님 : <u>민주</u>, <u>주의해</u>! 이게 <u>민주주의</u>야. ㅋㅋㅋ

김민주 : 선생님, 죄송합니다. 어제 잠을 좀 설쳐서요.

선생님 : 괜찮아. 나도 농담 한번 해 봤어. ㅎㅎㅎ

} '민주주의(民主主義)'는 국민이 권력을 가지고 그 권력을 스스로 행사하는 제도를 말합니다.

(4) 백발백중

여친 : 관광 유원지는 늘 사람도 많고 활기에 차 있네.

남친 : 관광객이 많으면 어떤 사람들은 피곤하다고 하는데, 나는 오히려 좋은 기운을 받는 느낌이 들어 힘이 나서 좋아.

여친 : 아주 적극적이고 긍정적인 생각을 하네. 하기야 그 점이 좋아서 내가 오빠에게 뿅 갔지. ㅎㅎㅎ

남친 : 야~ 저분 좀 봐. 인형 맞추기에서 백발백중이야.

여친 : 공기총으로 잘 맞추네. 전에 사격 선수였나?

남친 : 나는 아무리 집중해서 쏘아도 백발백중이 어렵던데.

여친 : 아, 알았어. 그 비결을 알아냈어.

남친 : 비결이라니? 무슨 비장의 무기라도 있나?

여친 : 저분은 머리가 흰 백발이잖아. 그러니까 백발백중이지. ㅎㅎㅎ

남친 : 그러면 나도 백발로 염색을 해 볼까? ㅋㅋㅋ

} '백발백중(百發百中)'은 백 번 쏘아 백 번 맞힌다는 뜻으로 완벽함을 나타냅니다.

(5) 시장조사

손님 : 안녕하세요? 지금 <u>시장님</u> 계세요?

비서 : 지금 안 계십니다. 실례지만 어떻게 오셨습니까?

손님 : 고등학교 친구입니다. 개인적인 볼일이 있어서 왔는데, 어디 출장이라도 가셨어요?.

비서 : 네, 조금 전에 나가셨어요.

손님 : 곧 돌아오시나요? 제가 기다려도 될까요?

비서 : 아니에요. 요즈음 물가가 너무 올라 오늘 <u>시장</u>에 <u>시장조사</u> 하러 나가셨는데, 시간이 좀 걸릴 것 같습니다. 게다가 조금 <u>시장하셔서</u> 식사를 하고 돌아오신다고 하셨어요.

손님 : 아, 다행이네요. 나는 시장님이 어딘가에 <u>조사</u> 받으러 가신 줄 알고 깜짝 놀랐어요. ㅎㅎㅎ

비서 : 아니에요, 시장님이 조금 <u>시장하신가</u> 봐요. ㅎㅎㅎ

} '시장조사(市場調査)'는 기업이 재화나 용역에 관련되는 문제에 대한 자료를 통계적으로 수집·기록·분석하는 일을 말합니다.

(6) 외교사절

교수 : 세계에서 인구가 제일 많은 나라는 어디겠어요?

학생 : 그야 당연히 중국 아닙니까?

교수 : 아니에요. 이제 인도가 중국을 앞질렀어요. 세계인구가 80억명을 넘었는데, 여기에는 인종, 종교, 이념, 문화 등이 모두 달라요.

학생 : 교수님, 정치적인 이념의 차이에서 오는 국가 간의 분쟁은 없습니까?

교수 : 오늘 강의할 4절 국제정세에 잘 나와 있어요. 유럽은 지금 민족주의, 이민정책 등을 둘러싸고 국가 간의 갈등이 고조되고 있어요.

학생 : 특히 종교의 차이에서 일어나는 갈등도 있습니까?

교수 : 있죠. 양국 관계가 악화되어 이를 해결하려고 외교사절을 파견하려니까 상대국이 이를 사절하는 일까지 생겼어요.

학생 : 아니, 외교사절까지 사절하다니… ???

교수 : 이것으로 4절의 강의를 마치기로 하겠어요. ㅎㅎㅎ

- '외교사절'의 '사절(使節)'은 나라를 대표하여 일정한 사명을 띠고 외국에 파견되는 사람을 말합니다.
- '사절하다'의 '사절(謝絶)'은 요구나 제의를 받아들이지 않고 사양하여 물리치는 것을 말합니다.

(7) 조기교육

장 과장 : 김 과장은 애가 둘이지? 많이 컸겠네.

김 과장 : 위의 애는 초등학교 2학년, 밑의 애는 지금 유치원에 다녀. 장 과장도 빨리 결혼해야지.

장 과장 : 큰 애가 벌써 초등학생이야? 참 세월 빠르기도 하네. 나는 내년 봄쯤 결혼할 계획을 세우고 있어.

김 과장 : 무역부의 최 과장은 애를 미국에 <u>조기유학</u> 보냈대.

장 과장 : <u>조기교육</u>을 시켜서 장차 수산업 계통의 사업을 하게?

김 과장 : 거기까지는 나도 들은 바 없어.

장 과장 : <u>조기</u>에는 <u>참조기</u>, <u>수조기</u>, <u>침조기</u> 등이 있는데, 거기에 대해서 일찍 <u>교육</u>을 시킬 모양이지. ㅎㅎㅎ

김 과장 : 장 과장의 유머는 세월이 흘러도 변함이 없네.

장 과장 : <u>조기</u>라면 우리나라 서해안도 산업이 잘 발달되어 있어. 굳이 미국까지 유학 갈 필요 있나? ㅋㅋㅋ

} '조기교육(早期敎育)'은 지능 발달이 빠른, 학령 이전의 어린이를 대상으로 일정한 교과 과정에 따라 실시하는 교육을 말합니다.

(8) 중구난방

아내 : 여보, 우리 중구로 이사를 가야겠어. 한번 생각해 봐.

남편 : 갑자기 이사는 왜? 무슨 일이 있어?

아내 : 그저께 고등학교 친구들 모임에 가서 들은 이야기야.

남편 : 친구들 모임에만 가면 온갖 이야기 듣고 와서 한 번씩 엉뚱한 소리 하더니만 이번에도 또 그래.

아내 : 아냐, 내 이야기 좀 들어 봐. 이 겨울에도 중구는 난방이 잘 되어 따뜻한데, 우리 종로구는 춥잖아?

남편 : 가정마다 개별난방인데 그건 말이 안 되잖아? ㅉㅉㅉ

아내 : 주민들과 구청에 가서 말을 좀 해야겠어. 난방 좀 잘해 달라고.

남편 : 어허, 참 큰일이군. 친구들 모임에서 중구난방으로 떠들더니만, 구청에 몰려가서 그런 말을 하면 중구난방이 되어 버리지. ㅎㅎㅎ

아내 : 날씨가 너무 추워서 괜히 해 본 소리야. ㅋㅋㅋ

} '중구난방(衆口難防)'은 막기 어려울 정도로 여러 사람이 한꺼번에 마구 지껄이는 것을 뜻합니다.

(9) 지도교수

후배 : 선배님, 어제 박사학위 논문지도 받으러 간다고 했는데 결과는 어떻게 됐어요? 오늘 표정이 밝지 않은 것 같네요.

선배 : 말도 마. 지도교수에게 지적을 엄청 많이 받았어.

후배 : 그래도 힘내세요. 누구나 거치는 통과의례라고 하잖아요?

선배 : 응, 고마워. 후배 말 듣고 힘낼게. ㅎㅎㅎ

후배 : 그런데 요즈음 무슨 교수 종류가 그렇게 많아요? 전임교수 이외에 명예교수, 석좌교수, 객원교수, 특임교수, 초빙교수, 외래교수, 연구교수... 어휴.

선배 : 대학의 필요에 따라 임명하다 보니까 많아진 거야. 거기에는 정치적이고도 정책적인 면이 깔려 있지.

후배 : 선배님도 여러 교수 중에 하나에 해당하잖아요?

선배 : 그래서 지도교수에게 속으로는 '지도 교수냐, 나도 교수인데'라는 생각이 들 때가 있어. ㅋㅋㅋ

} - '지도교수(指導敎授)'는 일반적으로 대학원의 석사과정 또는 박사과정 학생의 논문을 지도하는 교수를 말합니다.
- '지도'의 '지'는 '자기'의 사투리입니다.

(10) 회비안내

총무 : 여러분 반갑습니다. 오늘 좋은 날씨 속에 단합대회를 겸한 산행에 많이 참석해 주셔서 감사합니다.

회원 : 우리 총무님께서 늘 수고가 많습니다.

총무 : 아무쪼록 오늘 하루 즐거운 시간 보내시기 바랍니다. 그리고 오늘 회비는 1인당 5만원입니다.

회원 : 총무님, 오늘 회비는 안 내잖아요?

총무 : 아니, 산행에는 식사를 포함해서 간식과 음료수 등에 많은 경비가 드는데, 회비를 안 내면 어떡하죠?

회원 : 어제 게시판에 분명히 '회비안내'라고 붙어 있었어요.

총무 : 그건 '회비안내'이지 '회비 안 내'가 아니잖아요.

회원 : 아, 좋다 말았네. 이런 줄 알았으면 오늘 안 올 걸. ㅋㅋㅋ

총무 : 나중에 뒤풀이를 기대하세요. 후회 안 할 겁니다. ㅎㅎㅎ

'회비안내(會費案內)'는 모임의 구성원에게 걷는 돈에 대한 안내를 말합니다.

9. 동사의 활용

(1) 가다

여친 : 오빠, 오늘 처음 부모님을 뵈러 가니까 그런지 많이 떨리고 긴장 돼. 어떻게 하면 좋지?

남친 : 우리 집은 아주 개방적인 분위기라서 걱정 안 해도 돼.

여친 : 그런데 왜 이래? 아무리 고속도로지만 속도 너무 내지 마. 천천히 가도 시간 내에 도착할 수 있잖아?

남친 : 괜찮아. 이제 겨우 시속 120km밖에 안 되는 걸.

여친 : 오빠 지금 살짝 갔어? 5분 일찍 가려다가 50년 일찍 간다는 말 몰라? 우리 결혼도 못 하고 가면 어떻게 해. ㅎㅎㅎ

남친 : 알았어. 속도 좀 줄일게. 그런데 배가 좀 고픈데 갖고 온 김밥 좀 먹을까?

여친 : 좋아. 좀 먹자. 어, 김밥 맛이 왜 이래? 맛이 살짝 갔어.

남친 : 나보고 살짝 갔다고 하니까, 김밥도 맛이 살짝 간 모양이야. 그러니까 말조심 하라고. ㅎㅎㅎ

> 동사 '가다'에는 '이동하다, 죽다, 상하다, 정상이 아니다' 등과 같은 여러 가지 의미가 있습니다. 이러한 다의어는 기본 단어일수록 의미가 파생·분화되어 다른 많은 의미를 내포하게 됩니다.

(2) 들다

선배 : 자, 한잔해. 그런데 사업은 잘 되어 가?

후배 : 막상 시작해 보니까 생각보다 돈도 많이 <u>들</u>고, 시간도 많이 <u>들</u>고, 여러 면에서 힘이 <u>드</u>네요.

선배 : 안 <u>드</u>는 게 없구먼. 괜찮아, 힘내라고. 어느 정도 궤도에 오르기까지 고생은 누구나 하기 마련이지.

후배 : 괜히 고생길에 <u>든</u> 게 아닌가 하는 생각에 밤에 잠이 잘 안 와요. 잠이 빨리 <u>들어야</u> 다음 날 일을 할 수 있을 텐데. ㅠㅠ

선배 : 자네는 기술적인 면이나 회계적인 면에서 머리에 <u>든</u> 게 많아 반드시 성공할 거야. 자, 한잔 들고 나가자.

후배 : 선배님, 이 잔 들고 밖으로 나가자고요? ㅋㅋㅋ

선배 : 모든 게 힘이 <u>든</u>다고 하더니만 그 재치와 유머는 살아 있네.

후배 : 이게 다 선배님한테 배운 겁니다. 청출어람이죠. ㅎㅎㅎ

}
- 동사 '들다'의 여러 가지 의미 중에는 '먹다, 마시다'의 높임말도 있습니다.
- '청출어람(靑出於藍)'은 쪽에서 뽑아낸 푸른 물감이 쪽보다 더 푸르다는 뜻으로, 제자나 후배가 스승이나 선배보다 나음을 비유하는 말입니다.

(3) 먹다

강 대리 : 어, 한일전 축구 경기 TV로 중계방송하네. 정 대리와 같이 다니면 항상 좋은 일이 생기는데 오늘도 그렇네.

정 대리 : 너무 과찬의 말씀. 오히려 강 대리 덕분이야. 잘됐어. 밥도 먹고 술도 마시면서 TV 보면 되겠네.

강 대리 : 우리 누가 이기는지 내기할까? 지는 사람이 먹은 것 다 계산하기로 하지. 재미있겠어.

정 대리 : 내가 여자라서 그런지 몰라도 내기는 별로 안 좋아해. 오늘 계산은 내가 할 테니까 맛있게 먹고 재미있게 보자.

강 대리 : 웬일이야? 듣던 중 반가운 소리인데 혹시 내가 귀가 먹어서 잘못 들은 건 아니겠지? ㅎㅎㅎ

정 대리 : 앗, 저 봐. 비가 와서 공이 물을 먹어서 그런지 안 굴러가네.

강 대리 : 야~ 눈 깜짝할 사이에 일본이 한 골 먹었네. ㅎㅎㅎ

정 대리 : 상대가 아무리 먹어도 아까운 줄 모르겠네. ㅋㅋㅋ

- 동사 '먹다'의 여러 의미 중에는 '받다, 당하다'라는 뜻도 있습니다.
- '귀가 먹다'는 '남의 말을 잘 이해하지 못하거나 둔하다'라는 뜻을 가진 관용구입니다.

(4) 물다

환자 : 선생님, 저는 이 치과의자에 앉기만 해도 무서워요. ㅠㅠ

의사 : 괜찮아요. 마취를 잘해서 통증이 없도록 해 드릴게요.

환자 : 네, 선생님 안 아프게 해 주세요.

의사 : 자, 입을 벌려 보세요. 좀 더 크게 벌려 보세요. 아야, 그렇게 물면 어떡해요. 제 손이 물렸잖아요. ㅉㅉㅉ

환자 : 미안합니다. 제가 입을 너무 빨리 다물었네요.

의사 : 아, 아파. 두 손가락 다 물었네요. 그런데 이건 충치가 심해서 임플란트를 해야겠어요.

환자 : 네, 임플란트요? 그럼 하나 물어보겠습니다.

의사 : 아니, 한 번 물어 놓고 또 물게요? ㅋㅋㅋ

환자 : 제가 알기에는 임플란트는 잘해야 된다는데 괜찮을까요?

의사 : 염려 마세요. 잘못되면 내가 물어 드릴게요. ㅎㅎㅎ

} 동사 '물다'의 의미 중에는 '남에게 입힌 손해를 돈으로 갚아 주거나 본래의 상태로 해 주다'라는 뜻이 있습니다.

(5) 오다

교사 : 오늘 개학을 해서 여러분 얼굴을 보니 아주 반갑네요.

학생 : 네, 선생님 잘 계셨어요? 아주 건강하게 보이시네요.

교사 : 그런데 밖에 지금 비가 <u>오는데</u> 비의 온도는 몇 도쯤 될까?

학생 : 선생님, 비의 온도는 계절마다 다르고, 또 지금 <u>오는</u> 비의 온도는 측정할 수도 없잖아요?

교사 : 그러면 내가 힌트로 백 뮤직(back music) 하나 깔아 줄게. '비가 <u>오도다</u> 비가 <u>오도다</u> 마지막 작별을 고하는 울음과 같이~'

학생 : 선생님, 어려운 질문을 해 놓고 갑자기 노래는 왜 부르시는데요?

교사 : 잘 생각해 봐. 이 노래 속에 답이 있잖아?

학생 : 아, 알았어요 선생님. '오도'예요.

교사 : 그래, 맞았어. 비의 온도는 '5°다'. ㅎㅎㅎ

학생 : 와~ 그런데 선생님, 너무 썰렁해서 추워요. ㅋㅋㅋ

교사 : 너무 추우면 비가 안 <u>오고</u>, 눈이 <u>오겠네</u>. ㅋㅋㅋ

- '오도다'의 '-도다'는 감탄을 나타내는 종결어미로서 예스러운 표현입니다.
- 우리 대중가요 중, 1956년에 나온 가수 도미 씨의 '비의 탱고'라는 가사의 일부분을 인용했습니다.

(6) 타다

후배 : 선배님, 오래간만이에요. 그런데 그동안 뭐 했어요?

선배 : 숨 쉬고 먹고 자고 했지. ㅎㅎㅎ

후배 : 선배님의 말재주는 여전하네요. 만나면 늘 기분이 좋아요.

선배 : 그런데 나한테 왜 뭐 했느냐고 물었지? 어디 이상한 데가 있어?

후배 : 미안하지만, 선배님 얼굴이 너무 새까맣게 <u>탔</u>어요.

선배 : 맞아. 내가 봐도 너무 <u>탔</u>어. 해수욕장에서 살다시피 했지.

후배 : 여름방학 내내 알바라도 한 모양이네요.

선배 : 그게 아니고, 내가 좋아하는 요트와 스피드보트를 많이 <u>타서</u> 그래. 거의 매일 <u>탔거든</u>.

후배 : 사실 나는 구릿빛 얼굴이 건강해 보여 더 좋아요.

선배 : 고마워. 하지만 한편으로는 얼굴이 너무 <u>타서</u> 속이 <u>타</u>. ㅠㅠ

후배 : 선배님은 얼굴 <u>타고</u>, 요트 <u>타고</u>, 속이 <u>타서</u> 탈 건 다 <u>탔</u>네요. ㅎㅎㅎ

} '스피드보트(Speedboat)'는 스피드를 내는 것을 목적으로 만들어진 모터보트입니다.

(7) 나가다

누나 : 너하고 같이 백화점에 나온 것도 오래간만이네.

동생 : 내가 백화점에 오자고 한 것은 누나에게 스카프를 하나 사 주려고...

누나 : 어머, 얘가 왜 이래. 나한테 스카프를 선물한다니 무슨 일 있어?

동생 : 내가 얼마 전에 취직했잖아? 그래서 그 기념으로 선물하려고 해.

누나 : 기자가 되어 방송사에 나가더니 사람이 달라졌네.

동생 : 웬 사람이 이렇게 많아? 이 붉은 색과 저 푸른 색 중, 어느 스카프가 더 잘 나갈 것 같아?

누나 : 디자인이 좋아서 둘 다 잘 나갈 거야.

동생 : 그럼 둘 다 마음에 드는 모양이네. 누나, 둘 다 해.

누나 : 뭐, 둘 다 하라고? 너, 갑자기 정신이 나갔어?

동생 : 그까짓 것 갖고 정신 나가다니? 요즈음 나 잘나가잖아! ㅎㅎㅎ

누나 : 너가 계속 잘나가면 나는 계속 스카프가 생기겠네. ㅋㅋㅋ

} 동사 '잘나가다'는 사회적으로 계속 성공하는 것을 뜻하며, 요즈음 널리 쓰이고 있습니다.

(8) 올리다

최 부장 : 사장님, 바쁘신 가운데 오늘 이렇게 우리 부서의 회식 기회를 마련해 주셔서 감사합니다.

이 사장 : 금년에 우리 영업부에서 최고의 실적을 올린 것을 축하하고, 앞으로 더욱 더 분발하자는 뜻이지.

최 부장 : 그건 저희 부서의 노력 결과라기보다 생산부에서 열심히 노력하여 생산성을 많이 올린 덕분이죠.

이 사장 : 최 부장의 겸손함은 수준급이군. 자기 잘난 맛에 사는 사람이 많은 세상에 참 훌륭한 사람이야. 자, 모두 한잔하세.

최 부장 : 사장님, 과찬의 말씀입니다. 그럼 제가 한잔 올리겠습니다.

이 사장 : 어허, 2층도 아닌데 올리기는 어디 올려? 그냥 주면 돼. 맛있게 마실 테니까. ㅎㅎㅎ

최 부장 : 사장님의 재치 있는 유머 또한 수준급입니다. ㅎㅎㅎ

} 동사 '올리다'에는 '윗사람에게 공손하게 물건을 건네다'라는 의미가 있습니다.

(9) 피하다

후배 : 이번에 지나간 태풍 때문에 전국 곳곳에서 피해가 엄청나게 발생했다고 난리가 났네요.

선배 : 그래, 각종 뉴스에 피해 소식이 그대로 나오고 있지?

후배 : 선배님 과수원은 이번 태풍에 입은 피해는 없어요?

선배 : 왜 없겠어. 태풍으로 인한 피해는 피해야 할 텐데 피하지 못하고 직격탄을 맞았잖아. 한숨만 나와. ㅠㅠ

후배 : 아~ 참 안됐네요. 피해가 무척 큰가 보네요. ㅉㅉㅉ

선배 : 우리 과수원은 언제나 나의 꿈이고 희망이야. 그래서 내 피하고 땀을 엄청 쏟아부었지.

후배 : 그래도 힘내세요. 꿈과 희망은 늘 선배님과 함께 할 거예요.

선배 : 고마워. 그렇게 격려해 주니 힘이 나네. 나도 앞으로 태풍 피해는 되도록이면 피하도록 연구해 볼게. ㅎㅎㅎ

} 동사 '피해야'의 기본형은 '피(避)하다'입니다. 이와 같이 동사에는 '운동(運動)하다, 약속(約束)하다'처럼 한자어 동사도 있고, '보다, 말하다'처럼 고유어 동사도 있습니다.

(10) 돌아가다

선배 : 이게 누구지? 정말 오래간만이군. 요즈음 모임에도 잘 안 나오는 걸 보니까 무척 바쁜 모양이지.

후배 : 선배님, 미안합니다. 앞으로 자주 뵙겠습니다.

선배 : 그래, 회사는 잘 돌아가고 있고?

후배 : 예, 회사 일이 너무 바쁘게 돌아가서 정신을 못 차리겠어요.

선배 : 그래서 자주 못 나왔구먼. 요즈음처럼 불경기에 잘 돌아간다니 다행이군. 앞으로 반드시 성공할 거야. ㅎㅎㅎ

후배 : 그런데 문제는 바쁘기만 하고, 자금이 안 돌아가서 고민입니다.

선배 : 아냐, 머리가 잘 돌아가니까 회사도 잘 돌아갈 거야. 그렇다고 절망한 나머지 돌아가시면 안돼. ㅋㅋㅋ

후배 : 선배님, 지금 칭찬하시는 거예요, 놀리시는 거예요?

선배 : 받아들이는 건 본인 자유지만 당연히 칭찬이지. ㅎㅎㅎ

} 동사 '돌아가다'에는 여러 가지 의미가 있지만, '시'가 결합된 '돌아가시다'는 주로 '죽다'의 높임말로 쓰입니다.

10. 형용사의 활용

(1) 넓다

여친 : 야~ 경포대해수욕장이네. 우리 여기에 온 게 얼마만이지? 2년 전 인지, 3년 전 인지 모르겠네.

남친 : 재작년 여름이니까 꼭 2년 전이네.

여친 : 저 넓고 푸른 바다, 보기만 해도 속이 시원해.

남친 : 나도 마찬가지야. 도시에서 벗어나 여기에 오니까 가슴이 확 트여.

여친 : 오빠도 저 바다처럼 마음도 넓고, 이해심도 깊고, 또 발이 넓어서 아는 사람도 많고... 자기 멋쟁이! ㅎㅎㅎ

남친 : 너, 부끄럽게 왜 그래? 내가 조금 긴장이 되는 걸.

여친 : 그런데 오빠는 구두를 살 때 애 먹겠다. 발이 너무 넓어서... ㅋㅋㅋ

남친 : 갑자기 구두 이야기를 꺼내고 왜 그러지?

여친 : 오빠의 센스와 마음의 넓이를 한번 테스트해 보려고.

남친 : 구두 하나 선물 받고 싶다는 이 뜻이구나.

여친 : 역시 센스도 있고, 통도 크고, 마음도 넓고 ... 더욱 멋쟁이! ㅎㅎㅎ

} '발이 넓다'는 아는 사람이 많아 활동하는 범위가 넓다는 뜻의 관용구로서 널리 쓰입니다.

(2) 부르다

선배 : 너, 지난달에 미국 간다고 여기저기 이야기하더니만, 어떻게 됐어? 미국에는 갔다 온 거야?

후배 : 선배가 신경 써 준 덕분에 잘 갔다 왔어. 미국에 가서 쇠고기 스테이크는 아주 배부르게 먹었어.

선배 : 잘 먹었다고 자랑하는 거야? 그건 그렇고 지금 배를 두드리면서 좀 불편해 하는데, 왜 그래?

후배 : 점심 때 배가 부르도록 고기를 너무 많이 먹어서 그래.

선배 : 이 불경기에 배부른 소리 하고 있네. 다음부터는 고기 먹을 일이 있으면 이 선배도 좀 불러. ㅎㅎㅎ

후배 : 알았어. 다음에 배부르게 먹을 기회가 있으면 꼭 부를게. 그런데 내 여자친구가 자꾸 배가 불러 와. 왜 그렇지? ㅋㅋㅋ

선배 : 어휴, 그건 네가 알지 내가 어떻게 알아? ㅉㅉㅉ

후배 : 선배는 그 분야의 전문가잖아! ㅋㅋㅋ

} '배부르다'는 '배가 부르다'에서 온 형용사로서 '생활이 넉넉하여 아쉬울 것이 없다'는 의미도 내포하고 있습니다.

(3) 억세다

남친 : 역시 산은 올라오기는 힘들어도 정상에 올라오면 확 트인 경치에 시원한 바람에 정말 상쾌해.

여친 : 나는 너무 숨이 가빠서 무척 힘들었어. 하지만 이를 악물고 올라와 보니까 정말 날아갈 기분이야.

남친 : 야~ 저기는 억새가 군락을 이루고 있네. 저기로 가 봐.

여친 : 그래, 한번 가 보자. 힘들지만 산에 올라온 보람이 있네.

남친 : 와~ 여기는 완전 억새밭이네. 억새가 너무 많아.

여친 : 이렇게 억새가 억세게 많은 곳도 드물지? ㅎㅎㅎ

남친 : 그럼, 그런 의미에서 우리는 억세게 재수 좋은 사람들이라고 할 수 있지. 앞으로도 우리 앞에는 행운이 기다릴 거야.

여친 : 우리 저기 억새밭 앞 벤치에서 억세게 재수 좋은 사람끼리 도시락을 먹을까? ㅎㅎㅎ

} 형용사 '억세다'는 주로 '억세게' 형태로 쓰여, 그 정도가 아주 높거나 심하다는 뜻을 나타냅니다.

 (4) 하얗다

남친 : 주말에 어제도 만나고 오늘도 또 만나니 참 좋네. 게다가 밤새 <u>하얀</u> 눈이 내려서 온 세상이 <u>하얗군</u>.

여친 : 나는 별로야. 마음이 조금 무거워.

남친 : 이렇게 좋은 날에 마음이 무겁다니? 왜 무슨 일이 있어? 그러고 보니 네 얼굴이 <u>하얗고</u> 창백하구나. 어디 아파?

여친 : 몸이 아픈 건 아닌데 마음이 조금 아파.

남친 : 무슨 일인데 말해 봐. 내가 도와줄 수 있으면 도와줄게.

여친 : 사실 어젯밤 한숨도 자지 못하고 <u>하얗게</u> 밤을 새웠어. ㅠㅠ

남친 : 갑자기 불면증이라도 생긴 거야?

여친 : 어제 오빠하고 같이 걸어갈 때 '<u>하얀아</u>'하고 인사한 걔는 누군데?

남친 : 걔는 '<u>백하얀</u>'이라고 하는 내 외사촌 동생이야. ㅎㅎㅎ

여친 : 아, 미안해. 갑자기 세상이 <u>새하얗고</u> 밝고 좋네. ㅎㅎㅎ

} 형용사 '하얗다'는 주로 '하얗게' 형태로 쓰여 '사뭇 뜬눈으로 지내다'라는 의미도 내포하고 있습니다.

(5) 간간하다

딸 : 평소 워낙 바쁘신 아빠인데, 오늘 토요일 오후 모처럼 함께 있는 시간이네요. 귀중한 시간인데 내가 오늘 특별한 선물을 할게요.

아빠 : 여기 효녀 났군. 그래, 무슨 선물인데?

딸 : 내가 직접 한우 불고기를 구워 드릴게요. 조금 기다리세요.

아빠 : 야~ 빨리도 구웠네. 고기가 간간하게 간이 들어서 아주 맛이 좋은데. 이렇게 간이 잘 되면 간에도 좋다는데. ㅎㅎㅎ

딸 : 해물파전도 만들어 봤는데 이것도 한번 드셔 보세요.

아빠 : 파전에 간간이 해물도 들어 있고, 이것 또한 간이 잘 되어 맛이 간간하네. 이제 시집을 가도 손색이 없겠어. ㅎㅎㅎ

딸 : 아빠는 또 결혼이야기예요! 이렇게 맛있는 음식도 해 드리는데 내가 싫어하는 말만 하시네요.

아빠 : 얘, 살살 이야기해라. 간 떨어지겠어. ㅋㅋㅋ

} '간 떨어지다'는 순간적으로 몹시 놀라는 것을 뜻하는 관용구입니다.

(6) 고소하다

이 과장 : 이 식당에서는 냉동삼겹살을 쓰지 않고 생삼겹살을 써. 고기가 두툼하고 맛이 아주 좋지.

조 과장 : 그래서 이렇게 손님이 많구나. 오늘처럼 퇴근하고 바로 나오니까 자리가 있지 늦게 나왔으면 자리도 없을 뻔했어.

이 과장 : 자, 내가 구운 삼겹살 한번 먹어 봐. 참 맛있을 거야.

조 과장 : 아~ 고기가 참 부드럽고 고소하네. 굽는 솜씨가 좋아.

이 과장 : 그런데 건너편에서 고기 구워 먹는 두 사람을 좀 봐. 깨가 쏟아지는 신혼부부 같아. 그렇지?

조 과장 : 그러면 저기는 더 고소하겠네. 앗, 뜨거워. ㅠㅠ

이 과장 : 그것 참 고소하다. 남의 집에 신경 쓰니까 그렇지. ㅎㅎㅎ

조 과장 : 뭐라고? 이 과장이 나보고 먼저 보라고 했잖아! 그래서 내가 본 거지. 내가 이 과장을 고소할 거야. ㅋㅋㅋ

} '깨가 쏟아지다'는 몹시 아기자기하고 재미가 나는 것을 뜻하는 관용구로서 흔히 신혼부부에 비유해서 자주 사용됩니다.

(7) 무료하다

아빠 : 요즈음은 나이가 들어서 그런지 <u>무료한</u> 시간이 많아. 그래서 오늘은 <u>무료한</u> 시간을 보내기 싫어서 경복궁에 갔다 왔어.

딸 : 가깝게 지내는 친구들과 같이 갔어요?

아빠 : 가까운 친구들은 이런저런 사정이 있어서 혼자 갔다 왔지.

딸 : 혼자이기는 하지만, 경복궁에 가서 즐겁고 재미있는 시간을 보냈어요? <u>무료하지는</u> 않았고요?

아빠 : 경로우대로 <u>무료입장</u>을 했는데, 들어가서도 역시 <u>무료했어</u>.

딸 : <u>무료</u>면 기쁘고 좋잖아요? 용돈도 절약되고... ㅎㅎㅎ

아빠 : 그게 아냐. 유료라야 돈이 아까워서라도 우리 역사와 전통문화에 관심과 애착을 가지면서 여기저기를 둘러보지. ㅎㅎㅎ

딸 : 와~ 우리 아빠 정말 훌륭하시다. 최고야!

아빠 : 야, 아빠도 젊었을 때는 한창 잘나갔어. ㅎㅎㅎ

} 형용사 '무료(無聊)하다'는 흥미 있는 일이 없어 심심하고 지루하다는 뜻입니다.

(8) 새까맣다

선배 : 최근에 잘 안 보이더니만 어디 갔다 왔어? 그런데 그 잘생긴 얼굴이 새까맣게 탔네. 왜 그래?

후배 : 요 며칠 간 대학축제 준비하느라고 일을 많이 해서 그래요. 과대표인 내가 솔선수범해야지요. ㅎㅎㅎ

선배 : 일하는 건 좋지만 모자도 쓰고 선크림도 좀 바르고 해야지.

후배 : 그렇게 해도 햇볕이 강해 새까맣게 탈 수밖에 없어요.

선배 : 새까만 후배들이 많은데 시키지 않고 직접 했어?

후배 : 요즈음 어린 후배들은 왕자병, 공주병에 걸린 애들이 많아 학과 일 등에는 관심 없어요. ㅠㅠ

선배 : 대가족, 소가족, 핵가족으로 변화하는 과정에서 개인주의, 이기주의만 팽배해져서 그런 거야. ㅉㅉㅉ

후배 : 그런데 배가 고프면 새까맣게 몰려와서 배고프다고 난리예요.

선배 : 참, 너한테 빌린 돈 갚아야지. 새까맣게 잊고 있었네. ㅎㅎㅎ

} 형용사 '새까맣다'는 ①거리나 시간 따위가 매우 아득하게 멀다 ②주로 '새까맣게' 형태로 쓰여 '기억이나 아는 바가 아주 전혀 없다'라는 의미도 내포하고 있습니다.

(9) 새빨갛다

남친 : 오늘 왜 이렇게 늦었어? 기다리다가 완전 지쳤어.

여친 : 오빠, 미안해. 차가 많이 밀려서 그래.

남친 : 혹시 차가 밀릴지도 모른다는 것을 미리 고려해서 더 일찍 나와야지. 그런 습관 안 버리면 사회에서 별 볼 일 없어져. ㅉㅉㅉ

여친 : 정말 미안해. 좋은 충고로 받아들일게.

남친 : 그런데 지금 입고 있는 새빨간 코트 너한테 참 잘 어울린다.

여친 : 지난주 토요일에도 입고 왔는데 이제 봤어?

남친 : 아, 미안. 요즈음 시험 준비로 정신이 없어서 그래.

여친 : 많이 미안한 모양이네. 얼굴이 새빨갛게 되었어. ㅎㅎㅎ

남친 : 내가 사과하는 의미에서 다음에 만날 때 너한테 새빨간 장미 한 아름을 선물할게. 괜찮지? ㅎㅎㅎ

여친 : 오빠, 오늘 또 새빨간 거짓말하는 것 아냐? ㅋㅋㅋ

} - '별 볼 일 없다'는 대단하지 않고 하찮다는 뜻의 관용구입니다.
- '새빨간 거짓말'은 뻔히 드러날 터무니없는 거짓말이라는 뜻으로 일상생활에서 자주 사용되는 관용구입니다.

(10) 침침하다

며느리 : 아버님, 오전에는 안 보이시던데 어디 갔다 오셨어요?

시아버지 : 요즈음 점점 눈이 침침하고 앞이 잘 안 보여. 그래서 용하다는 안과에 갔다 왔어.

며느리 : 의사 선생님이 뭐라고 하시던데요?

시아버지 : 특별히 나쁜 데는 없다고 해. 그렇지만 입에 침이 자꾸 마르고 해서 내일 한의원에 좀 가 볼 생각이야.

며느리 : 아니, 한의원에는 또 왜요?

시아버지 : 눈도 침침하고 입에 침도 마르고 해서 침을 좀 맞아 볼까 해. 친구들이 침을 맞아 보라고 하더군. ㅎㅎㅎ

며느리 : 아버님, 안과도 가 보고 한의원에도 가 보는 것도 좋지만, 제 생각에는 방이 침침해서 그런 것 아니에요?

시아버지 : 친구들이 침이 좋다고 입에 침이 마르도록 이야기하네. ㅎㅎㅎ

} '침이 마르다'는 다른 사람이나 물건에 대하여 거듭해서 말하는 것을 뜻하는 관용구입니다.

11. 숫자의 활용

(1) 0404

딸 : 아빠, 자국민의 보호를 위해 외교부가 운영하는 영사콜센터 전화번호는 정말 기억하기 쉽네요.

아빠 : 번호가 어떻게 되는데 네가 그렇게 감탄해?

딸 : 영사업무를 담당한다는 의미에서 전화번호가 영사영사(0404)예요. 정말 기발한 아이디어죠?

아빠 : 그 기발한 아이디어를 찾아내는 우리 딸의 아이디어 또한 기발하네. 역시 아빠의 유전자를 이어받은 것 같네. ㅎㅎㅎ

딸 : 아빠, 이거 딸에 대한 칭찬이에요, 아빠 자신에 대한 자화자찬이에요? ㅎㅎㅎ

아빠 : 아무튼 나도 활용해야겠어. 지역번호나 국번은?

딸 : 인터넷에서 0404번을 검색하면 알 수 있어요.

아빠 : 전화폭주를 대비해 영사빨리(0482)도 하나 더 준비하면 좋겠어.

딸 : 와~ 아빠, 진도가 엄청 빠르네요. ㅎㅎㅎ

} 영사업무는 외국에서 자국의 무역 통상의 이익을 도모하고, 해당 국가에 있는 자국민을 보호하는 일 등의 모든 업무를 말합니다.

(2) 0582

누나 : 요즈음은 회사마다 자기 회사의 홍보를 위해 여러 면에서 머리를 짜고 있는데, 그중에는 전화번호도 포함되지.

동생 : 누나가 나가는 광고회사도 그 일을 전문적으로 하겠네.

누나 : 전화번호에서 0582번 하면 무슨 생각이 떠오르니?

동생 : 글쎄, 특별히 떠오르는 게 없는데. ???

누나 : 아유, 이 맹추야. 정말 안 떠올라? 영어빨리(0582) 아냐! 영어학원 같은 곳에서 주로 사용하고 있지. ㅎㅎㅎ

동생 : 아, 영어를 빨리 공부하자는 뜻이구나.

누나 : 이제 머리가 좀 돌아가니? 그러면 1582번 하면 어떤 생각이 들어? 내가 이미 힌트 다 주었잖아.

동생 : 일어빨리(1582)를 뜻하겠네. 일어학원에서 사용할 테고.

누나 : 역시 내 동생이 최고야. 그런데 중국어는 어쩌지? ㅉㅉㅉ

} 숫자 '0'은 '영, 공' 또는 외래어로서 '제로'라고도 하며, 속된 표현으로 '빵'이라고도 합니다.

(3) 1313

엄마 : 얘, 전화 잘 들려? 너 지금 어디 있니? 큰일 났어.

아들 : 엄마, 왜 그래요? 나 지금 밖에서 친구들 만나고 있는데 큰일이라니, 무슨 사고라도 생겼어요?

엄마 : 아파트 현관문이 잘 안 열리는데 고장이 난 것 같아. ㅠㅠ

아들 : 먼저 관리실에 연락해 보세요. 그래도 잘 안되면 열쇠점에 연락해 봐야 돼요. 나도 빨리 마치고 갈게요.

엄마 : 열쇠점 전화번호는 어떻게 알 수 있지?

아들 : 현관문 스티커에 열쇠전문 1313번이 나와 있을 거예요.

엄마 : 열쇠열쇠(1313)라고? 그것 참 기억하기 쉽네. ㅎㅎㅎ

아들 : 그리고 그 옆에 붙어 있는 다른 스티커에는 열쇠공사(1304)도 나와 있을 거예요. 한번 보세요.

엄마 : 그러면 여기는 열쇠만 전문으로 하는 공기업이야? ㅋㅋㅋ

> 숫자 '13'은 보통 '십삼'이라고 읽지만, 여기에서는 '열셋'으로 읽어 이를 재미있게 활용한 것입니다.

(4) 2424

여친 : 나 지금 좀 바쁜데, 오빠는 지금 무슨 생각을 하고 있어?

남친 : 거짓말 좀 보태서 너 생각하고 있지. ㅋㅋㅋ

여친 : 거짓말 많이 보탰네. 그래도 거짓말이라도 기분은 좋아. 나는 왜 이렇게 순진한지 몰라. ㅎㅎㅎ

남친 : 그런데 이제 본론으로 들어가자. 내가 무엇을 도와줘야 해?

여친 : 곧 원룸을 옮겨야 하는데 이삿짐센터 전화번호 몰라?

남친 : 답답하기는... 이삿짐센터는 이사이사(2424)라고!

여친 : 그건 나도 알아. 계속 통화 중이라서 물어본 거지.

남친 : 아, 또 있어. 이사공사(2404)가 있어.

여친 : 그 번호로도 해 봤는데 전화가 잘 안돼. ㅠㅠ

남친 : 내가 직접 해 볼게. 이사오고(2459)로 한번 해 봐야지.

여친 : 야~ 2459번은 되는가 보네. 자기 멋쟁이. ㅎㅎㅎ

} 앞에서도 설명했듯이, '미장이'처럼 기술자의 의미를 가지는 경우가 아니면, '멋쟁이'처럼 '-쟁이'가 붙는 것이 표준어입니다.

(5) 2875

정 사장 : 강 부장, 치과 중에 어디 추천할 만한 곳 없어?

강 부장 : 사장님, 치과에 좀 다녀오시게요?

정 사장 : 음, 어금니가 좀 안 좋아서. 내가 다니던 곳은 이빨의사(2824)라는 뜻에서 전화번호도 좋고, 원장님도 좋았는데 다른 데로 이전해서 그래.

강 부장 : 제가 다니는 곳이 두 곳 있는데, 나름대로 특징이 있습니다.

정 사장 : 그럼, 한 곳을 먼저 소개해 주게나. 한번 가 보게.

강 부장 : 전화번호는 이빨치료라는 의미에서 2875번입니다. 제가 전화를 걸어서 연결해 드릴까요?

정 사장 : 아니, 내가 직접 전화하지. 사장이라고 갑질한다고 할 거 아냐. 그런데 번호 하나 좋구먼. ㅎㅎㅎ

강 부장 : 또 한 곳은 이빨친구라는 의미에서 2879번도 있는데요.

정 사장 : 강 부장은 원장의 실력은 안 보고 전화번호만 보는 모양이지. ㅎㅎㅎ

} '이빨'은 '이'를 낮잡아 부르는 말로 치과에서는 '치아(齒牙)'라는 한자어를 많이 사용합니다.

(6) 4989

누나 : 오늘 좀 한가하고 해서 모처럼 재래시장에 한번 나가 봤더니, 역시 삶의 현장이고 활기에 차 있었어.

동생 : 나도 마찬가지야. 시장은 너무 붐벼서 피곤하다고 말하는 사람들도 있는데, 나는 오히려 용기를 얻고 힘이 나.

누나 : 역시 핏줄은 못 속이네. 그런데 이 명함 전화번호 좀 봐. 재미있지?

동생 : 번호가 4989번이네. 명함은 웬 명함이야?

누나 : 블라우스 가게에 들렀는데, 내가 찾는 것은 없고 대신 명함을 주면서 다시 한 번 오래. 자세히 보니까 사고팔고(4989)야. ㅎㅎㅎ

동생 : 역시 장사와 연관되어 있는 전화번호라 딱 좋네.

누나 : 내가 주인이라면 다음 2호점을 낼 때는 오고팔고(5989)로 하겠어. 1호점은 4989, 2호점은 5989... ㅎㅎㅎ

동생 : 와~ 누나, 센스가 장난이 아니네. ㅋㅋㅋ

} '장난이 아니다'는 수준이 보통을 훨씬 넘어서는 정도로 대단하다는 뜻의 관용구입니다.

(7) 5454

여친 : 우리 오늘 만난 김에 언니 가게에 한번 가 봐.

남친 : 좋아, 가자고. 그런데 너는 외동딸인데 무슨 언니가 있어?

여친 : 친언니가 아니고 아는 언니야. 아주 가깝게 지내고 있어.

남친 : 너는 무슨 언니가 그렇게 많아? 언니 만드는 게 취미야? ㅎㅎㅎ

여친 : 이게 다 나의 원만한 성격을 말해 주는 증거지. ㅋㅋㅋ

남친 : 적당히 좀 해. 너는 한 번씩 오버하는 게 문제야.

여친 : 어, 이야기하는 사이에 다 왔네. 바로 저 가게야.

남친 : 와~ 간판이 완전 끝내주네. 화끈하게 '옷사옷사'야. ㅎㅎㅎ

여친 : 요즈음 재미있고 직선적인 간판이 많잖아.

남친 : 전화번호도 옷사옷사(5454)네. 손님들 뇌리에서 떠나지 않겠어.

여친 : 나 같으면 옷사세요(5435)로 하겠는데.

남친 : 언니도 뛰어나지만 네가 한 수 더 위네. ㅎㅎㅎ

} '끝내주다'는 아주 좋고 굉장하게 하다는 뜻이지만, 조금 속된 표현입니다.

(8) 7788

임 과장 : 한 과장, 지난 주말에 어디 여행이라도 갔다 왔어?

한 과장 : 응, 마침 회사도 연휴라서 가족과 함께 부산에 갔다 왔어. KTX 로 갔다 왔는데 아주 즐거웠어.

임 과장 : 열차로 여행을 했구나. 그러고 보니 생각이 나는데 전화번호 7788번이 어디인지 생각이 나?

한 과장 : 잘 모르겠어. 내가 임 과장보다 좀 둔하잖아. ㅎㅎㅎ

임 과장 : 아니, 칙칙폭폭(7788)인데도 생각이 안 나?

한 과장 : 아~ 서울역, 부산역처럼 각 역의 전화번호겠네. ㅎㅎㅎ

임 과장 : 옛날 기차가 칙칙폭폭(7788) 기적을 울리면서 달리던 모습이 엊그제 같은데, 벌써 옛날이야기가 되어 버렸어.

한 과장 : 그런데 이 기발한 7788번을 도입한 분은 누구일까?

임 과장 : 알려고 하지 마. 미지의 세계로 남겨 두는 것이 더 아름다워. ㅎㅎㅎ

} 참고로 KTX는 Korea Train eXpress의 약자이며, SRT는 Super Rapid Train의 약자입니다.

(9) 7892

오 상무 : 신 과장, 오늘 회사 마치고 우리 해외사업부 회식 한번 할까?

신 과장 : 상무님, 듣던 중 반가운 말씀입니다. 어디로 예약할까요?

오 상무 : 회사 바로 앞의 <u>철판구이</u>로 하면 어떨까? 맛도 있고 우리 부원이 모두 들어갈 수 있을 만큼 넓어서 좋아.

신 과장 : 지금 바로 전화번호가 생각이 안 나는데 찾아서 할게요.

오 상무 : 그걸 기억 못 해. <u>철판구</u>이니까 <u>7892</u>번 아냐? 자기가 자주 가는 술집 전화번호는 잘 기억하더구먼. ㅎㅎㅎ

신 과장 : 미안합니다. 저는 <u>철판구이(7892)</u>는 별로 안 좋아하는 편이라서 그래요.

오 상무 : 무슨 소리야? 먹을 때는 완전히 <u>철판</u>을 깔고 먹던데. ㅋㅋㅋ

신 과장 : 상무님, 여러 사람 앞에서는 그렇게 말씀하지 마세요.

오 상무 : 알았어. 신 과장의 체면을 생각해야지. 나는 또 배려심은 많잖아. 그래서 내 별명은 '오 배려'라고 해. ㅋㅋㅋ

} '철판을 깔다'는 체면이나 염치를 돌보지 아니한다는 의미의 관용구입니다.

(10) 9292

권 대리 : 안 대리, 오늘 날씨도 쌀쌀한데 퇴근길에 <u>생선구이</u>를 안주로 해서 한잔하고 싶은데 어때?

안 대리 : 그것 참 좋은 생각이야. 그런데 혹시 내가 안(安)<u>가</u>라고 나를 안주 삼으려는 것은 아니겠지? ㅋㅋㅋ

권 대리 : 그럴 리가 있겠어. 내가 안 대리를 얼마나 좋아하는데.

안 대리 : 이 부근에 어디 좋은 집을 알고 있어?

권 대리 : 응, 알고 있지. <u>생선구이</u> 전문집인데 <u>구이</u> 종류도 많고 맛도 있어. 빨리 안 가면 자리가 없을지도 몰라.

안 대리 : 아, 여기군. <u>구이집</u>답게 전화번호도 <u>9292번</u>이네. ㅎㅎㅎ

권 대리 : 이 집 사장은 <u>삼치구이(3792)</u> 가게도 갖고 있대.

안 대리 : 나도 <u>꽁치구이(0792)</u> 가게를 하나 차릴까?

권 대리 : 야~ 안 대리 재치와 유머 감각은 아직 살아 있네. ㅎㅎㅎ

} - '안(安)가'의 '가'는 그 성씨 자체 또는 그 성씨를 가진 사람의 뜻을 나타내는 접미사입니다.
- '씨'는 성씨 그 자체를 말할 때는 접미사로서 '김씨, 이씨, 박씨'처럼 붙여 쓰지만, 그 사람의 성씨나 이름을 높여서 부를 때는 의존명사로서 '김 씨, 김철수 씨, 이 씨, 이영희 씨'처럼 띄어 씁니다. 〈표준국어대사전〉 참고

제2장

주제별 재치개그

1. 국내 지명(시·군·구)

(1) 공주시

아빠 : 야~ 공주에는 참으로 오래간만에 왔네.

딸 : 아빠, 나는 처음인데 공주에 오면 특별히 느끼는 게 있어요? 무척 감회로운 표정이네요.

아빠 : 느끼는 게 있고말고. 아름다운 미녀, 공주가 많은 것 같고, 지금이라도 '공주마마 납시오'라는 소리가 들리는 같아. ㅎㅎㅎ

딸 : 그건 공주라는 도시명에서 오는 선입관 때문이 아니에요?

아빠 : 아니지. 지금 우리 딸이 공주로서 엄연히 내 곁에 서 있잖아. ㅎㅎㅎ

딸 : 우리 아빠, 오늘따라 농담도 잘하시네.

아빠 : 사실은 공주시에 유구한 역사를 자랑하는 유구읍이 있는데, 거기는 섬유산업이 발달한 곳이야. 여성들이 그 섬유로 만든 옷을 입어서 공주처럼 예쁘게 보이는가 봐. ㅎㅎㅎ

딸 : 오늘 웬일이에요? 그리고 아빠는 공주시의 명예시민이라도 되나요? ㅎㅎㅎ

} '공주시(公州市)'는 충청남도 공주시를 말하며, 백제의 옛 도읍지(웅진)이기도 한 유서 깊은 도시입니다.

(2) 구미시

선배 : 너, 어제 모임에 안 나왔던데 무슨 일 있었어? 혹시 아팠어?

후배 : 선배님, 아픈 게 아니고 어제 구미에 갔다 왔어요.

선배 : 구미시 말이지? 구미에는 갑자기 왜 갔는데?

후배 : 대학 졸업을 앞두고 학과에서 견학을 간 거예요. 가 보니까 도시 전체가 산업기지처럼 느껴졌어요.

선배 : 그럼, 국가산업단지가 조성되면서 급속도로 발전한 곳이지.

후배 : 구미에서 생산되는 회사의 제품들이 구미 여러 나라에 많이 수출되어 국가에도 많은 공헌을 한대요. ㅎㅎㅎ

선배 : 이번 견학이 너에게는 시야를 넓히는 계기가 되었겠구나.

후배 : 유명 대기업들도 눈에 많이 띄어서 구미가 확 당기던데요. ㅎㅎㅎ

선배 : 구미가 당기다니? 그날 아침 식사도 안 하고 갔어? ㅋㅋㅋ

후배 : 졸업 후 구미에 취직해서 일하고 싶다는 뜻이죠.

> '구미시(龜尾市)'는 경상북도 구미시를 말하며, 내륙 최대의 첨단 수출 산업단지를 보유하고 있는 도시입니다.

(3) 동안구

오 사장 : 권 과장은 일도 잘하고 얼굴도 나이에 비해 동안이라서 사내에서도 인기가 대단하다고 들었어.

권 과장 : 아니에요. 사장님. 너무 과찬의 말씀을 하십니다.

오 사장 : 그동안 그 동안을 어떻게 관리했는지 그 비결을 좀 알려주게. 나도 몹시 궁금하네. ㅎㅎㅎ

권 과장 : 매사에 늘 밝고 긍정적으로 생각하는 게 비결이라면 비결이죠. 그 외에는 특별한 게 없습니다.

오 사장 : 그것 말고 숨겨 둔 비결이 있을 거야. 그것을 알려 달라는 거지. 이건 자네의 승진에도 영향이 있어. ㅋㅋㅋ

권 과장 : 사실은 제가 안양시 동안구에 살거든요. ㅎㅎㅎ

오 사장 : 그래? 그럼 나도 빨리 동안구로 이사를 가야겠네. ㅎㅎㅎ

권 과장 : 사장님, 빨리 서둘러야 할 거예요. 제가 워낙 여기저기에 많이 이야기해 두었거든요. ㅎㅎㅎ

} '동안구(東安區)'는 경기도 안양시 동안구를 말하며, 만안구(萬安區)와 함께 안양시 행정구의 하나입니다.

(4) 보은군

남편 : 지난주에 당신하고 다녀온 보은군 법주사는 참 좋았어. 날씨도 좋고 경치도 좋고 해서 기억에 오래 남을 것 같아.

아내 : 당신 처음에는 안 가려고 하더니만, 역시 갔다 오니까 잘했다는 생각이 들죠? 역시 내 말 잘 들으면 자다가 떡이 생겨요. ㅎㅎㅎ

남편 : 그래서 앞으로 당신 말 잘 듣기로 했어.

아내 : 그런데 법주사 절이 특별히 기억에 남는다는 거예요?

남편 : 물론 절도 좋지만, 특히 속리산 자락에서 자란 대추가 달고 맛있었어.

아내 : 당도가 매우 높아 고품질을 자랑한대요.

남편 : 게다가 효자, 효녀들이 많아서 어른이 되어 대추 재배로 부모님의 은혜에 보은한대. ㅎㅎㅎ

아내 : 우리 아들, 딸도 자주 보은을 방문해서 보은하는 법을 배우면 좋겠네. ㅎㅎㅎ

남편 : 그야 내 닮았으니 자연히 그렇게 될 걸. ㅋㅋㅋ

} '보은군(報恩郡)'은 충청북도 보은군을 말하며, 특히 당도가 매우 높고 품질이 좋은 대추의 산지로 유명합니다.

(5) 상주시

동료 A : 회사도 좀 한가한 편인데 이번 주말에 상주곶감축제 어때? 같이 가면 아주 좋겠는데.

동료 B : 아, 고맙기도 하고 미안하기도 해. 사실은 지난 주말에 가족들과 함께 다녀왔는데 아주 좋았어.

동료 A : 그랬었구나. 내가 좀 더 일찍 말했으면 좋았을 텐데.

동료 B : 아냐, 그렇게 말하니까 내가 오히려 미안하네.

동료 A : 그래, 상주에 가서 맛있는 곶감은 실컷 먹었겠구나.

동료 B : 물론이지. 살이 투명하고 부드러워서 맛있게 먹었지. 게다가 축제경품으로 곶감을 상으로 주네.

동료 A : 야~ 상주는 역시 곶감으로 상 주고… 정말 기발한 아이디어야. ㅎㅎㅎ

동료 B : 나는 아예 상주에 상주하면서 곶감을 먹었으면 하는 생각이 들었어. ㅎㅎㅎ

동료 A : 상주곶감 홍보대사가 된 것 아냐? ㅋㅋㅋ

} '상주시(尙州市)'는 경상북도 상주시를 말하며, 특히 상주는 곶감 특구로 지정되어 고품질의 곶감을 생산하고 있습니다.

(6) 수영구

선배 : 너는 언제나 봐도 밝은 표정에 건강미가 흘러서 좋아.

후배 : 선배님, 갑자기 왜 이러세요? 제가 커피라도 한잔 살까요?

선배 : 아냐, 늘 좋은 인상을 갖고 있어서 한번 해 본 소리야.

후배 : 저는 선배님 덕분에 즐거운 나날을 보내고 있어요. ㅎㅎㅎ

선배 : 그런데 말이야. 너, 수영을 참 잘하지?

후배 : 수영을 좀 하기는 하지만, 제가 그렇게 수영을 잘하게 보여요?

선배 : 수영구에 산다기에 그냥 한번 물어본 거야. ㅎㅎㅎ

후배 : 그보다 부산 수영구는 매년 광안리해수욕장과 광안대교 일대에서 펼쳐지는 부산불꽃축제가 더 유명해요.

선배 : 그럼 한여름에는 해수욕장에서 수영을, 늦가을에는 불꽃축제를 즐기면 되겠네. 행복한 후배야. ㅎㅎㅎ

후배 : 선배님, 그런데 저도 공부 좀 해야 되거든요. ㅋㅋㅋ

} '수영구(水營區)'는 부산광역시 수영구를 말하며, 광안리해수욕장과 해상에 광안대교가 있어 관광지로 유명합니다.

(7) 영광군

남친 : 확 트인 바다를 바라보면서 드라이브하니까 날아갈 듯한 기분이야.

여친 : 그것 봐. 내가 서해안 드라이브는 환상적이라고 했잖아?

남친 : 네 말 듣기를 잘했네. 그런데 이 드라이브 코스는 환상을 넘어 환장할 정도로 아름답네. ㅎㅎㅎ

여친 : 게다가 환상적인 여성이 옆에 있으니까 더욱 아름답지? ㅋㅋㅋ

남친 : 그건 그렇고, 오늘 낮 영광에서 먹은 굴비정식은 정말 맛있었어.

여친 : 그러게 말이야. 밥도둑이 따로 없네.

남친 : 굴비는 조기를 소금에 절여서 말린 것인데, 영광굴비를 밥도둑이라고 하는 이유를 이제야 알겠어.

여친 : 예전에는 임금님의 수라상에도 올렸다고 하잖아.

남친 : 영광굴비는 이 고장의 영광이고, 이 나라의 영광이야. ㅎㅎㅎ

여친 : 나는 오빠의 영광 아냐? ㅋㅋㅋ

> '영광군(靈光郡)'은 전라남도 영광군을 말하며, 조기를 가공·건조하여 만든 영광굴비 특산지로 유명합니다.

(8) 음성군

아빠 : 요즈음 밤늦게 돌아오는 날이 많은데 뭐가 그렇게 바빠?

딸 : 학원에 다니면서 열심히 노력하느라고 좀 바빠요.

아빠 : 영어학원 아니면 일본어학원에 다니냐?

딸 : 아빠, 나는 아나운서나 성우가 되고 싶어서 아나운서학원에 다니고 있어요.

아빠 : 외국어학원이 아니고 아나운서학원이라고? 그것참, 잘했어.

딸 : 아빠가 그렇게 좋아하시니 나도 힘이 나네요. ㅎㅎㅎ

아빠 : 너는 어릴 때부터 음성이 곱고 좋았어. 그래서 될 거야.

딸 : 그런데 주변 친구들이 음성군 출신이 아니면 될 수 없대요. 현재 유명 아나운서나 성우들은 고향이 음성이라네요. ㅎㅎㅎ

아빠 : 그거야 네 음성이 좋으니까 농담 삼아 하는 이야기야.

딸 : 열심히 공부하고 노력해도 안 되면 어쩌지. ㅠㅠ

아빠 : 걱정 마. 음성 출신 친구들을 많이 사귀면 돼. ㅎㅎㅎ

} '음성군(陰城郡)'은 충청북도 음성군을 말하며, 풍자와 해학을 중심으로 하는 음성 품바축제가 있습니다.

(9) 장수군

교사 : 전라북도 장수군은 정말 축복받은 땅 같지?

학생 : 선생님, 또 무슨 재미있는 유머를 하시려고요?

교사 : 나는 말만 하면 유머를 하는 것 같아?

학생 : 예, 선생님은 평소에도 워낙 재치 있는 유머를 많이 하시니까요.

교사 : 아냐, 오늘은 진지해. 지금은 장수백세 시대잖아? 장수군의 군민들은 모두가 건강하게 100세까지 장수하겠어. ㅎㅎㅎ

학생 : 역시 재치 있는 유머가 맞네요. 하지만 유머를 하시더라도 늘 덕담을 하셔서 좋아요.

교사 : 장수군에 장수하는 분이 많은 이유가 있어. 옛날에 나라를 생각하는 용맹스러운 장수가 많았던 덕분이지. ㅎㅎㅎ

학생 : 선생님, 억지로 끼워 맞추어도 재미는 있네요. ㅎㅎㅎ

교사 : 결론은 장수백세 만만세 장수만세야. ㅋㅋㅋ

} '장수군(長水郡)'은 전라북도 장수군을 말하며, 논개를 비롯한 장수삼절로 충절의 고장으로 알려져 있습니다.

(10) 진주시

여친 : 오빠, 요즈음 왜 이렇게 따분하고 재미가 없지?

남친 : 젊은 나이에 왜 그래? 사람은 약간의 긴장은 하는 게 오히려 좋다고 해. 너무 처지면 안된다는 거지.

여친 : 아, 좋은 생각이 났어. 내일 오후에 우리 진주에 가.

남친 : 갑자기 진주는 왜? 진주에 무슨 좋은 행사라도 있어?

여친 : 응, 내일부터 진주 남강 일원에서 유등축제가 열린대.

남친 : 유등축제는 아직 한 번도 본 적이 없는데 잘됐네.

여친 : 오빠, 진주에 가면 진주목걸이와 진주반지 중에서 어느 것이 나한테 잘 어울릴 것 같아? ㅎㅎㅎ

남친 : 헉, 그건 또 무슨 소리야?

여친 : 그 중 하나를 선물하면 오빠 마음 속에 진주하려고... ㅎㅎㅎ

남친 : 역시 사람은 약간의 긴장이 필요하기는 하구나. ㅋㅋㅋ

'진주시(晉州市)'는 경상남도 진주시를 말하며, 매년 개최되는 남강유등축제와 개천예술제는 유명한 문화행사입니다.

2. 국내 지명(읍·면·동)

(1) 가야면

누나 : 우리의 문화재가 세계문화유산으로 하나씩 등재되는 걸 보니까 가슴 뿌듯한 자부심을 느껴.

동생 : 맞아. 그만큼 우리 문화재의 위상도 높아지는 거니까 무척 고무적이야. 그런데 누나, 상당히 고상해졌어.

누나 : 내가 고상하지 않을 때가 있었어? ㅋㅋㅋ

동생 : 나는 유네스코의 세계문화유산으로 등재된 해인사의 팔만대장경이 특히 우리 민족의 자랑거리란 생각이 들어.

누나 : 나도 같은 생각이야. 그런데 해인사는 어디로 가야 돼?

동생 : 아니, 그것도 몰라? 해인사는 당연히 가야로 가야지. ㅎㅎㅎ

누나 : 가야로 가야지? 그게 무슨 뜻인지 설명 좀 해 봐.

동생 : 아유, 답답해. 합천군 가야면에 있으니까 가야로 가야지 어디로 가야겠어? ㅎㅎㅎ

누나 : 알았어. 그런데, 너는 나보다 더 고상하네. ㅋㅋㅋ

} '가야면(伽倻面)'은 경상남도 합천군 가야면을 말하며, 해인사와 대장경테마파크 등에서 대장경세계문화축전이 열립니다.

(2) 대치동

윤 과장 : 서 과장은 애가 둘이던데 벌써 많이 컸지?

서 과장 : 세월은 빨라서 눈 깜작할 사이에 벌써 큰애는 고등학생이고, 작은애는 중학생이야.

윤 과장 : 회사 야유회에서 본 게 엊그제 같은데 벌써 그렇게 됐어?

서 과장 : 우리가 그런 속도로 나이가 들고 있다는 증거지.

윤 과장 : 서 과장 집은 강남의 대치동이라고 했지? 그런데 강남 대치동은 대치 상태의 연속이라고 하던데. ㅎㅎㅎ

서 과장 : 나는 대치동에 살지만, 지금 한 말 무슨 뜻인지 모르겠어.

윤 과장 : 좋은 학원 선택하려고 엄마들끼리 정보싸움, 학생 유치를 위해 학원끼리 머리싸움, 이게 다 대치 상태지. ㅎㅎㅎ

서 과장 : 그러네. 듣고 보니 재미있게 대치하고 있군.

윤 과장 : 게다가 학원 주변에는 늘 주차싸움, 단속싸움...

서 과장 : 하지만 이러한 대치 상태를 극복해야 좋은 인재들이 나오지. ㅎㅎㅎ

} '대치동(大峙洞)'은 서울특별시 강남구 대치동을 말하며, 전문학원을 비롯해 입시 학원들이 많아 학원가를 이룹니다.

(3) 불로동

남편 : 목이 많이 마른데 시원한 막걸리 한잔했으면 딱 좋겠네.

아내 : 목이 마를 땐 막걸리보다 오히려 시원한 물이 딱이겠구먼.

남편 : 막걸리와 물은 말로는 이루 표현할 수 없는 차이가 있지.

아내 : 냉장고에 막걸리를 넣어 두었으니까 당신 원대로 드시구려.

남편 : 캬~ 불로동 막걸리, 이 한 잔의 맛은 정말 최고야. 더 이상 말이 필요 없어. 정말 환상적이야. ㅎㅎㅎ

아내 : 당신 사흘이 멀다 하고 마시면서 오늘따라 왜 그래요?

남편 : 아무튼 불로동 막걸리는 이름 그대로 늙지 않는 불로초야. ㅎㅎㅎ

아내 : 당신 너무 과음하면 안 돼요. 애주를 해야지.

남편 : 알았어요. 내가 불로장생을 해야 당신도 행복하지.

아내 : 그런데 불로동이 대구 외에 인천에도, 광주에도 있대요.

남편 : 다음에 그곳 주민들과 함께 하면 모두 불로장생하겠어. ㅎㅎㅎ

} '불로동(不老洞)'은 대구광역시 동구 불로동을 말하며, 삼국시대의 고분군과 함께 막걸리로도 유명합니다.

(4) 서면

총무 : 서면은 부산의 교통 중심지이기 때문에 여기에서 모임을 가지면 각 방향에서 올 수가 있어서 참 편리해. 그런데 아직 한 사람이 안 왔네. 아, 이야기하기가 무섭게 이제 들어오네.

회원 : 아, 미안해. 늦어서 정말 미안해.

총무 : 너무 미안해할 것까지는 없어. 그런데 왜 이리 늦었어?

회원 : 지하철이 손님이 앉으면 가고, 서면 안 가고 하면서 이를 계속 반복하는 바람에 늦게 도착했어. ㅋㅋㅋ

총무 : 무슨 말도 안 되는 소리를 해. 자, 어서 저기에 가서 앉아. 그러면 지금부터 경과보고를 하겠습니다.

회원 : 총무님, 경과보고는 구두로 하지 말고 서면으로 하죠.

총무 : 그러면 서면보고에 대해 여러분의 생각은 어떻습니까?

회원 : 좋아요. 서면에서는 역시 서면보고가 제격입니다. ㅎㅎㅎ

} 부산광역시 부산진구의 '서면(西面)'은 옛 행정구역인 경상남도 동래군 서면이었으며, 현재의 동명은 부전동이지만 지금도 이 일대를 서면으로 부르고 있습니다.

(5) 신사동

교사 : 요즈음 국어시간에 한자교육이 거의 이루어지지 않아 학생들의 언어능력이 저하되고 있어서 큰 문제라고 생각해요.

학생 : 선생님, 한자를 몰라도 생활하는데 큰 문제가 없는데요.

교사 : 참 용감한 학생이에요. 영어를 몰라도 생활하는데 아무런 문제가 없어요. 다만 삶의 질이 달라요. ㅉㅉㅉ

학생 : 선생님, 제가 잘못 생각한 것 같아요.

교사 : 서울에는 '신사동'이라는 동네가 세 곳 있어요. 이 중 어느 곳에 매너가 좋은 신사(紳士)가 가장 많이 살까요?

학생 : 아직 신사가 안 돼서 잘 모르겠어요. ㅎㅎㅎ

교사 : 세 곳 모두 '신'은 '새 신(新)'인데 '사'가 달라요. 강남구 신사동은 '모래 사(沙)'이고, 관악구는 '선비 사(士)'예요. 그리고 은평구는 '절 사(寺)'를 써요.

학생 : 그럼 선비들이 모여 사는 관악구 신사동이네요.

교사 : 빙고. 한자공부 많이 하세요. 아는 만큼 보여요. ㅎㅎㅎ

} 서울 '신사동'의 한자표기는 강남구는 新沙洞, 관악구는 新士洞, 은평구는 新寺洞으로 각각 다릅니다.

(6) 우산동

남편 : 요즈음 비가 안 와서 큰일이네. 시골에는 가뭄이 들어서 농사에도 큰 타격이 있을 거라고 하네.

아내 : 이번 주말에는 많은 비가 내릴 거라고 일기예보에 나오네요.

남편 : 그것참 반가운 소식이군. 대지를 흠뻑 적셔야지.

아내 : 하지만 비가 많이 오면 큰일이라는 생각도 들어요.

남편 : 무슨 소리 하는 거예요? 이 가뭄에 비가 오면 고마운 단비지.

아내 : 비가 오면 우산동에서 우산을 생산하는 큰아들은 좋지만, 양산동에서 양산을 만드는 작은아들이 걱정돼요. ㅠㅠ

남편 : 어허 참, 당신 반대로 한번 생각해 봐요. 비가 오면 우산동의 큰아들에게 좋고, 햇볕이 강하면 양산동의 작은아들에게 좋고… ㅎㅎㅎ

아내 : 반대로 생각하면 늘 즐겁겠네요. 아유, 당신과 결혼하기를 잘했네요. ㅎㅎㅎ

} '우산동(牛山洞)'은 광주광역시 북구 우산동을 말하며, 북구에는 우산동과 양산동(陽山洞) 둘 다 있습니다.

(7) 운수면

선배 : 휴~ 정말 사업이라는 게 쉬운 일이 아니군.

후배 : 선배님답지 않게 한숨을 내쉬고 왜 이러세요? 선배님은 의지의 한국인이잖아요. 또한 저의 롤 모델이기도 하고요.

선배 : 아, 미안해. 사업이 생각대로 잘되지 않고 힘이 들어서 그래.

후배 : 선배님은 극복할 거예요. 힘내세요.

선배 : 응, 고마워. 그래서 생각 끝에 다음 주에 운수면에 갔다 오려고 해.

후배 : 고령군 운수면 말이죠? 그런데 거기는 왜요?

선배 : 내가 운수업을 하잖아? 최근에 계속 사고가 나. 거기 가서 좋은 기를 받으면 운수가 좋아질까 해서… ㅎㅎㅎ

후배 : 재미있는 이야기네요. 다녀와서 운수가 트이기를 바라겠어요.

선배 : 운수대통해서 사업이 번창하면 크게 한턱낼게.

후배 : 선배님, 두 턱 내면 운수가 배로 좋아질 텐데요. ㅋㅋㅋ

'운수면(雲水面)'은 경상북도 고령군 운수면을 말하며, 운라(蕓羅)와 흑수(黑水)라는 지역명을 따서 구름과 물을 뜻하는 운수(雲水)가 되었다고 합니다.

(8) 인사동

한 대리 : 어? 길에서 이렇게 정 대리를 만나다니 정말 뜻밖인데. 그런데 여기에 볼일이 있어?

정 대리 : 우리 집이 인사동이야. 어릴 때부터 여기에 살고 있어.

한 대리 : 아, 그렇구나. 양반 동네에 살고 있네. 인사동에 사는 사람은 정 대리처럼 인사성이 밝다면서. ㅎㅎㅎ

정 대리 : 역시 사람 볼 줄 아네. 그러지 않아도 지금 부장님 댁에 인사하러 가는 길이야.

한 대리 : 부장님 댁에는 왜? 무슨 일이라도 있어?

정 대리 : 다음 달에 인사이동이 있는데 미리 인사를 좀 해 두려고. ㅎㅎㅎ

한 대리 : 그런 인사보다는 실력과 성실함이 최고야, ㅉㅉㅉ

정 대리 : 그래도 인사는 하면 할수록 좋잖아?

한 대리 : 인사이동에 너무 신경 쓰다가 건강을 해쳐 인사불성이 되면 어떻게 하려고? ㅋㅋㅋ

} '인사동(仁寺洞)'은 서울특별시 종로구 인사동을 말하며, 전통문화의 거리로서 고미술품·전통공예점·화랑·필방 등이 밀집되어 있습니다.

(9) 주례동

제자 : 교수님, 훌륭한 가르침과 지도 덕분에 이렇게 좋은 회사에 취직을 했는데도 찾아뵙지도 못해서 죄송합니다.

교수 : 아~ 괜찮아. 그래, 회사 일에는 잘 적응하고 있고? 졸업 후 처음 전화한 것 같은데 무슨 일이지?

제자 : 교수님, 지금도 부산 사상구 주례동에 살고 계세요?

교수 : 그럼, 정들면 고향이라고 살아 보니까 좋아.

제자 : 직접 찾아뵙고 말씀드려야 하는데, 사실은 제가 다음 달에 결혼하는데 주례 좀 부탁드리려고요.

교수 : 내가 주례동에 산다고 주례를 부탁하는 거야? ㅎㅎㅎ

제자 : 학생들 사이에서 교수님은 동양적이면서 건전한 사상에 품위 있는 주례사를 하신다고 소문이 나 있어요. ㅎㅎㅎ

교수 : 어허, 이제 다른 곳으로 이사도 못 가겠네. ㅎㅎㅎ

} '주례동(周禮洞)'은 부산광역시 사상구(沙上區) 주례동을 말하며, 자연생태계 보고인 생태환경 강변 도시입니다.

(10) 풍기읍

동생 : 누나, 영주까지는 내가 운전할 테니까 졸리면 자도 돼.

누나 : 오늘 날씨도 좋은 데다가 운전의 베테랑인 네가 핸들을 잡으니까 마음이 든든하구나.

동생 : 금수강산이라는 말에 어울릴 정도로 경치도 너무 좋아.

누나 : 아, 내가 잠이 좀 들었었네. 잠깐 잤는데도 아주 개운해. 그런데 여기가 어디 쯤이지?

동생 : 이제 조금만 더 가면 풍기야.

누나 : 아~ 역시 풍기 가까이에 오니까 인삼 냄새가 풍기네. ㅎㅎㅎ

동생 : 조금 후에 풍기읍에 들어가면 온 천지에 인삼 냄새가 풍기지.

누나 : 역시 내 코는 못 속여. 특히 학창시절 자장면 냄새 하나는 잘 맡았지. 갑자기 배가 좀 고프네. ㅋㅋㅋ

동생 : 자, 인삼 냄새 풍기는 풍기에 다 왔어. 인삼차부터 한잔할까?

} '풍기읍(豊基邑)'은 경상북도 영주시 풍기읍을 말하며, 충청남도 금산군과 함께 인삼 생산지로 유명합니다.

3. 외국 지명

(1) 가나

이 과장 : 아, 일이 이렇게 바쁜데 다음 주에 또 출장을 가야 해.

정 과장 : 국내 출장이야, 해외 출장이야?

이 과장 : 해외 출장인데, 아직 처리하지 못 한 일이 너무 많이 밀려 있어서 그래.

정 과장 : 그래도 좋은 일이잖아? 이 과장의 능력이 없으면 회사에서 출장을 보내겠어?. 이번에는 어느 나라에 가야 해?

이 과장 : 지난번과 마찬가지로 아프리카 가나에 가야 해.

정 과장 : 이번에도 가나에 가나? 벌써 몇 번째야? ㅎㅎㅎ

이 과장 : 세 번째인데, 가나에는 가나 마나 내가 할 일이 정해져 있어.

정 과장 : 코코아를 수입하기 위한 계약 건이겠지?

이 과장 : 맞아. 가나가 멀어 피곤하긴 해도 코코아로 만든 초콜릿이 시중에 나와 있는 걸 보면 보람을 느껴.

정 과장 : 피곤하면 오나가나 비행기 속에서 초콜릿 많이 먹어. ㅎㅎㅎ

} '가나(Ghana)'는 아프리카 서부의 기니 만에 면한 나라로서 수도는 아크라(Accra)입니다. 코코아가 전체 수출의 상당한 비중을 차지합니다.

(2) 네팔

교사 : 오늘 세계지리 시간에는 세계의 지붕이라 하는 히말라야산맥 주변 국가들에 대해서 공부하겠어요.

학생 : 와~ 오늘은 벌써 시원한 기분이 드네요.

교사 : 세계에서 제일 높은 에베레스트산을 등반하려면 보통 어느 나라로 가서 올라갈까요? 이 세계지도를 봐 주세요.

학생 : 히말라야산맥 남쪽에 위치한 네팔입니다.

교사 : 맞아요. 그런데 지금 세계지도를 가리키는 이 팔은 네 팔이 아니고 내 팔이에요. ㅎㅎㅎ

학생 : 이제 시원한 게 아니라, 너무 썰렁해서 추워요. ㅋㅋㅋ

교사 : 그런데 네팔 사람들은 참 소박하고 협동심이 강해요. 산에 올라갈 때는 네 팔, 내 팔을 가리지 않고 잡아 주지요. 결과적으로 팔이 두 팔이 아닌 네 팔이 될 정도로 서로 도와요. ㅎㅎㅎ

학생 : 선생님, 나중에 신혼여행은 네팔로 가고 싶어요.

'네팔(Nepal)'은 히말라야산맥 중앙부의 남쪽에 위치한 나라로서 수도는 카트만두(Kathmandu)입니다. 등반객을 비롯한 많은 관광객이 방문합니다.

(3) 부탄

학생 : 우리 여행동아리 지도교수님은 유명하신 분이라서 좋기는 한데, 가끔 지각을 하셔서 매력이 좀 떨어져. 아, 저기 오시네.

교수 : 아, 미안해요. 모두 많이 기다렸지. 회의가 있어서 좀 늦었어요.

학생 : 교수님, 우리 너무 많이 기다려서 배가 고파요. ㅎㅎㅎ

교수 : 배고픈 것을 참는 법도 배워야 해요. 오늘은 히말라야산맥 기슭에 있는 부탄이라는 나라에 대하여 공부해 보기로 할까요?

학생 : 늘 흰 눈이 덮인 설산을 볼 수 있는 나라 부탄 말이죠?

교수 : 아름다운 환경에서 생활해서 그런지, 사람들이 순수하고 자신이 행복하다고 느끼는 행복지수가 매우 높은 나라지요.

학생 : 천연가스로 부탄가스는 안 나옵니까? ㅋㅋㅋ

교수 : 부탄가스 대신에 사람들 마음이 언제나 부탄가스 불처럼 밝고 따뜻해요. ㅎㅎㅎ

학생 : 교수님, 여름방학 때 부탄에 졸업여행 가요. ㅎㅎㅎ

} '부탄(Bhutan)'은 인도와 중국 사이의 히말라야산맥 지대에 있는 나라입니다. 수도는 팀푸(Thimphu)이며, 기본적으로 티베트 문화권에 속합니다.

(4) 오만

한 과장 : 상무님께서 부르시길래 가 봤더니 한 달 후에 해외 출장을 갔다 오라고 말씀하시네.

권 과장 : 어느 나라에 출장을 갔다 오라고 하셔?

한 과장 : 사우디아라비아 남동쪽에 있는 <u>오만</u>이라는 나라에 갔다 오라고 하시네.

권 과장 : 나도 2주 전에 아랍에미리트와 <u>오만</u>에 출장을 갔다 왔어.

한 과장 : 오, 그래? 나는 <u>오만</u>이라는 나라에 대한 사전 지식이 없어서 조금 걱정이 되는데 잘됐네. ㅎㅎㅎ

권 과장 : 내가 알고 있는 범위 내에서는 자세히 이야기해 줄게.

한 과장 : 고마워. 오만 사람들은 어때? <u>오만하지는</u> 않고? ㅎㅎㅎ

권 과장 : <u>오만하기는커녕</u> 온화하고 아주 친절한 편이야. 게다가 음악, 춤과 같은 전통문화도 잘 보존하고 있지.

한 과장 : 그러면 사람들이 <u>오만</u> <u>가지</u> 재능이 있다는 이야기네.

권 과장 : <u>오만</u>에 대한 <u>오만</u> <u>기대</u>를 가져도 좋아. ㅎㅎㅎ

} '오만(Oman)'은 아라비아반도 남동쪽에 있는 국가이며, 수도는 무스카트(Muscat)입니다. 전통적인 미술, 음악, 춤 등이 잘 보존되고 있습니다.

(5) 칠레

선배 : 우리 후배는 세계지리에 대한 지식이 얼마나 있는지 테스트 한번 해 보고 싶은데 어때?

후배 : 선배님, 갑자기 그렇게 말씀하시니 좀 긴장이 되는데, 가능한 한 쉬운 문제를 내 주세요.

선배 : 알았어. 쉬운 문제야. 세계에서 동서에 비해 남북으로 가장 길게 뻗어 있는 나라는 어디야?

후배 : 선배님, 한참 생각하고 있는데, 툭툭 자꾸 치니까 생각이 안 나요. 정말 자꾸 칠래요? 잘 모르겠어요.

선배 : 아유, 답답해. 너는 센스가 그렇게 없니? 방금 네가 '칠래요?'라고 답까지 맞추었잖아! ㅎㅎㅎ

후배 : 아, 칠레네요. 그런데 칠레 여성들은 예쁘고 친절해요. 눈웃음을 치는 모습은 더욱 매력적이고요. ㅎㅎㅎ

선배 : 맞아. 너무 예뻐서 내가 '눈웃음 칠래?'라고 농담하고 싶어. ㅎㅎㅎ

} '칠레(Chile)'는 남아메리카 서남쪽에 위치하고 있으며, 남북으로 길게 뻗어 있습니다. 수도는 산티아고(Santiago)입니다.

(6) 케냐

여친 : 오빠는 고등학교 다닐 때 공부는 열심히 안 했지?

남친 : 무슨 소리 하는 거야! 공부도 잘하고 운동도 잘했어. 운동 중에서도 특히 마라톤을 좋아했지.

여친 : 혹시 아프리카 동부에 있는 케냐라는 나라 알아?

남친 : 물론 알지. 요즈음 금값이 많이 올라 케냐 사람들 아주 좋아하겠어. 케냐는 금의 생산량이 많아 '금을 캐냐?'라고 인사할 정도지. ㅎㅎㅎ

여친 : 내 말은 세계적인 마라톤 선수들이 많다는 이야기야.

남친 : 마라톤이라면 내가 잘 알지. 케냐는 마라톤 경기에서 금메달을 다 캐 가. 그래서 마라톤에서도 '금을 캐냐?'라고 할 정도지.

여친 : 오빠가 나를 만난 것은 금메달을 캔 것과 마찬가지야. ㅎㅎㅎ

남친 : 내 생각에는 금메달이 아니고 동메달 같은데. ㅋㅋㅋ

여친 : 그 말 취소 안 하면 동메달도 못 가지는 수가 있어. ㅎㅎㅎ

} '케냐(Kenya)'는 아프리카의 동부 인도양 연안에 있는 나라이며, 수도는 나이로비(Nairobi)입니다. 장거리 경주인 마라톤 강국입니다.

(7) 피지

남친 : 가만히 생각해 보니까 결국 완벽한 사람은 없는 것 같아.

여친 : 갑자기 철학적인 이야기를 하네. 오빠, 무슨 일 있었어?

남친 : 태양과 같은 남자, 이슬만 먹고 사는 여자, 이런 사람들은 영화나 드라마, 소설 속에 존재할 뿐 현실 속에는 없다는 결론을 내렸어.

여친 : 점점 더 고상한 이야기만 하네.

남친 : 그래서 내가 너하고 결혼해야겠다는 말을 하고 싶은 거야.

여친 : 최고로 현명한 선택! 우리 결혼하면 신혼여행은 어디로? ㅎㅎㅎ

남친 : 남태평양의 섬나라 피지로 가면 어때?

여친 : 왜 피지야? 피지에 가고 싶은 특별한 이유가 있어?

남친 : 흰 구름 푸른 바다의 관광휴양지잖아. 게다가 얼굴의 피지도 제거되지, 표정도 환하게 피지... ㅋㅋㅋ

여친 : 와~ 신혼여행에 피지제거에 표정개선이네. ㅎㅎㅎ

남친 : 이것을 일석삼조라고 하는 거야. ㅎㅎㅎ

} '피지(Fiji)'는 남태평양의 섬으로 이루어진 나라이며, 수도는 수바(Suva)입니다. 원시가 숨 쉬는 관광휴양지로 알려져 있습니다.

(8) 보고타

후배 : 선배님, 이번 여름방학 때 친구들과 함께 해외로 배낭여행을 가기로 했어요. 지금 여러 가지 준비로 많이 바빠요.

선배 : 그래, 잘했어. 나중에 대학을 졸업하고 취직을 하면 쉽게 시간이 잘 안 나. 그런데 어디로 가려고?

후배 : 중남미로 가려고 해요. 파나마와 그 남쪽의 콜롬비아예요.

선배 : 그런데 말이야. 콜롬비아 수도 <u>보고타</u>에 가면 주의할 게 하나 있어.

후배 : 뭔데요? 좀 위험한 일이라도 있어요?

선배 : 위험한 일은 아냐. <u>보고타</u>에 가서 버스를 탈 때 특히 조심해야 돼. ㅎㅎㅎ

후배 : 자꾸 궁금해지네요. 뭔데요?

선배 : 버스를 탈 때 행선지를 잘 <u>보고</u> 타야 돼. ㅋㅋㅋ

후배 : 나는 국내에서도 번호를 <u>보고</u> 타는 습관이 있어서 괜찮아요.

선배 : 헷갈리면 문자메시지로 나한테 <u>보고토록</u> 해. ㅎㅎㅎ

} '보고타(Bogota)'는 콜롬비아(Colombia)의 수도로서 안데스산맥의 고원 지대에 위치하고 있습니다. 콜롬비아는 한국전쟁 시 중남미 국가 중 유일한 참전국입니다.

(9) 사모아

남친 : 너는 금을 많이 <u>사 모아서</u> 요즈음 제법 부자가 됐겠어.

여친 : 뭐, 부자라고 할 것까지는 없지만 조금은 돈이 돼.

남친 : 그래도 국제적으로 금값이 많이 올라서 기분이 아주 좋겠네.

여친 : 나는 지금도 돈만 생기면 계속해서 금을 <u>사 모아</u>.

남친 : 그렇게 금을 <u>사 모아서</u> 어디에 쓰려고 해?

여친 : 나중에 금값이 더 올라 큰돈이 되면 이를 팔아서 <u>사모아</u>에 여행을 가려고 해. 그게 내 꿈이야. ㅎㅎㅎ

남친 : 아~ 남태평양의 관광휴양지 사모아 섬 말이군.

여친 : 나는 금을 <u>사 모으지만</u>, 오빠는 다른 보석을 <u>사 모아</u>. ㅎㅎㅎ

남친 : 그런데 <u>사모아</u>에는 누구와 같이 여행 가려고 하는데?

여친 : 사모아에는 내가 가장 <u>사모하는</u> 자기와 함께. ㅎㅎㅎ

남친 : 헉, 이게 꿈이야 생시야? ㅋㅋㅋ

} '사모아(Samoa)'는 남태평양 사모아 제도에 있는 나라로서 수도는 아피아(Apia)입니다. 세계에서 가장 빨리 해가 뜨는 나라로 알려져 있습니다.

(10) 보라카이

오빠 : 이번에 필리핀 보라카이에 신혼여행은 잘 갔다 왔어?

동생 : 오빠 덕분에 즐겁게 잘 다녀왔어. 경치 좋은 곳에서 사진도 많이 찍고 맛있는 음식도 많이 먹고 했지.

오빠 : 그동안 네가 결혼 안 한다고 해서 아빠, 엄마가 큰 걱정을 했는데 막상 결혼을 하니까 시원하기도 하고 서운하기도 하신가 봐.

동생 : 지금 생각해 보니까 내가 걱정을 많이 끼쳐서 미안한 생각이 들어.

오빠 : 그런데 지금쯤 필리핀은 건기니까 보라카이는 아주 좋았겠어.

동생 : 흰색의 고운 백사장은 정말 아름다웠어.

오빠 : 거봐, 내가 신혼여행은 보라카이에 가 보라카이. ㅎㅎㅎ

동생 : 여행을 어디로 갈까 망설일 때 오빠 말 듣기를 잘했어. 오늘 저녁에는 그 동안 못 본 영화나 봐야겠어.

오빠 : 야, 이 좋은 시간에 영화는 그만 보라카이. ㅋㅋㅋ

} - '보라카이(Boracay)'는 필리핀 중부 파나이 섬 북서쪽에 있는 작은 섬으로서 관광 휴양지로 유명합니다.
  - '보라카이'의 '-카이'는 '-(하)니까'라는 뜻의 경상도 사투리입니다.

4. 동물명

(1) 닭

최 대리 : 오늘 오후 부장님께 불려 가서 잔소리 좀 들었는데, 민망해서 닭살이 돋을 정도였어.

신 대리 : 무슨 일인데 그렇게 닭살이 돋을 정도였어?

최 대리 : 뻔하잖아. 지난달의 내 실적이 뚝 떨어져서 그래.

신 대리 : 이 닭집 분위기도 좋고 하니까 기분 전환도 할 겸 닭도리탕으로 한잔해.

최 대리 : 닭도리탕이 아니고 닭볶음탕이야. '도리'는 일본어로 넓은 의미는 '새'이고, 좁은 의미로는 '닭'이야. 그래서 닭도리탕은 한국어와 일본어가 뒤섞인 말이지.

신 대리 : 야~ 이번에는 민망해서 내가 닭살이 돋네. ㅎㅎㅎ

최 대리 : 그런데 닭볶음탕이 왜 이리 안 나오지?

신 대리 : 곧 나올 거야. 지금 부엌에서 닥닥 소리가 나잖아.

최 대리 : 닥닥 긁는 소리가 너무 커서 닭이 놀라 냄비에서 후다닥 튀쳐나오겠는데. ㅋㅋㅋ

} - '닭살이 돋다'는 놀라거나 민망하여 소름이 끼친다는 뜻의 관용구입니다.
- '닭볶음탕'은 '닭도리탕'의 순화어로서 표준국어대사전에 등재되어 있습니다.

(2) 말

엄마 : 요 며칠 간 집에만 틀어박혀 있더니만 오늘은 어디 가니?

아들 : 사람도 만나야 하고 일도 좀 있고 해서 외출하려고요.

엄마 : 어디 가나 말은 조심해야 돼. 그렇지 않으면 실수를 하게 돼.

아들 : 엄마, 어릴 때부터 승마를 해서 말에는 신경을 많이 써요. 승마는 친구들로부터도 인정받고 있잖아요.

엄마 : 그게 아니고, 남의 말은 함부로 해서는 안 된다는 뜻이야. 그런 사람은 꼭 구설수에 올라.

아들 : 남의 말은 함부로 타서는 안 된다는 뜻이 아니고요? ㅎㅎㅎ

엄마 : 너, 내 말을 안 들으면 네 말을 못 타게 할 거야. ㅋㅋㅋ

아들 : 엄마, 그러고 보니 말이 말을 낳아 헷갈리네요. 잠시 머리를 식혔다가 말을 계속해야겠어요.

엄마 : 자칫하면 아들에게 되로 주고 말로 받겠구나. ㅎㅎㅎ

} '되로 주고 말로 받다'는 조금 주고 그 대가로 몇 곱절이나 많이 받는 경우를 비유해서 말하는 속담입니다.

(3) 공작

남친 : 동물원에 오래간만에 왔는데 사람들이 엄청 많네. 모두가 가족끼리 친구끼리 연연끼리 온 것 같아.

여친 : 그럼 우리는 어떤 사이로 온 거야?

남친 : 그것을 어떻게 말로 표현해? 좀 쑥스럽게. ㅎㅎㅎ

여친 : 고마워. 내가 감을 잡았어. 이제 우리 저기 공작 있는 곳으로 가 봐.

남친 : 야~ 공작 수컷이 꽁지를 활짝 폈어.

여친 : 그렇네. 큰 부채처럼 오색찬란하게 아름답네.

남친 : 평소에 좋은 일 많이 하지 않으면 공작의 저 모습 보기 어렵대.

여친 : 나는 공작을 보면, 오빠가 영국 귀족인 공작처럼 품위 있고 신사답다는 생각이 들어. ㅎㅎㅎ

남친 : 어, 갑자기 왜 그래? 또 무슨 공작을 꾸미려고?

여친 : 나, 오늘 백화점에 가자는 이야기 안 했거든. ㅎㅎㅎ

} 공작(孔雀), 공작(公爵), 공작(工作)은 한글 동자이의어입니다.

(4) 돼지

선배 : 어디 가서 우리 고기 좀 구워 먹자. 고기 먹은 지가 좀 오래되어 고기가 막 당기는데.

후배 : 선배님은 그동안 다이어트한다고 들었는데 이제 끝났어요?

선배 : 음식 조절은 계속해야지. 그런데 이 부근의 맛집을 한번 검색해 봐.

후배 : 등잔 밑이 어둡다고 바로 저 집이네요. 어서 들어가요.

선배 : 야~ 맛있겠다. 그런데 이것 쇠고기야, 돼지고기야?

후배 : 선배님이 한번 먹어 보고 맞혀 보세요. 이제 잘 익었어요.

선배 : 그래 맞혀 볼게. 이것 먹어도 되지? ㅎㅎㅎ

후배 : 이제 먹어도 되지요. 그런데 묻지 말고 맞혀 보시라니까요.

선배 : 방금 내가 돼지라고 말했잖아. 그리고 누구와 많이 닮았네. ㅎㅎㅎ

후배 : 신배님, 그러면서 왜 나를 빤히 쳐다보세요?

선배 : 참 둔하네. 내 입으로 꼭 말해야 되겠어? ㅋㅋㅋ

} 표준국어대사전에는 '쇠고기'와 '소고기' 둘 다 표준으로 등재되어 있습니다.

(5) 오리

동료 A : 닭백숙과 오리백숙 중에 어느 게 더 맛있어?

동료 B : 그건 사람 취향에 따라 다르겠지. 나는 오리백숙이 더 좋아.

동료 A : 오리가 좀 더 비싸니까 그런 기분이 드는 게 아니고?

동료 B : 맛은 미묘하지만, 오리가 더 담백하고 맛있는 것 같아.

동료 A : 조선시대 탐관오리들이 특히 좋아했을 거야. ㅎㅎㅎ

동료 B : 내 생각에는 자기 돈으로 먹을 리가 없고, 아마 상납 내지는 접대를 받았을 거야.

동료 A : 그리고 만약 문제가 되면 모두가 오리발을 내었을 테고. ㅋㅋㅋ

동료 B : 안 봐도 어떻게 그렇게 묘사를 잘해?

동료 A : 게다가 조사가 시작되면 모두 행방이 묘연해져 오리무중이야. ㅋㅋㅋ

동료 B : 그러면서 한 번씩 들러 맛있게 먹고 나서는 나갈 때 '또 오리'라고 했을 거야. ㅎㅎㅎ

} '탐관오리(貪官汚吏)'는 백성의 재물을 탐내어 빼앗는, 행실이 깨끗하지 못한 관리를 말합니다.

(6) 이리

여친 : 호기심 많은 어린이를 데리고 동물원을 찾은 부모들이 많네. 나도 옛날 일이 엊그제 같은데 많은 시간이 흘렀어.

남친 : 그래도 우리들에겐 걸어온 길보다 걸어갈 길이 많이 남았어.

여친 : 오빠는 말을 참 재미있고 세련되게 하는 편이야. 그것도 타고난 소질이야?

남친 : 생각을 자꾸 하면 할수록 실력이 늘어. 노력해 봐.

여친 : 그런데 저기 개 같이 생긴 동물이 이리야?

남친 : 맞아. 저 팻말에 자세히 쓰여 있어. 이리는 늑대의 한 종류지.

여친 : 그런데 우리 안에 웬 이리가 이리 많아?

남친 : 그야 동물원이니까 당연하지. 머리가 이리 안 돌아가? ㅋㅋㅋ

여친 : 사람 너무 무시하지 마.

남친 : 어, 이리가 이리 오고 있어. 눈 맞추지 마. 눈은 나랑 맞춰. ㅋㅋㅋ

여친 : 어휴, 늑대 같이 엉큼하기는... ㅎㅎㅎ

} 부사 '이리'는 '이렇게' 외에 '이곳으로, 이리로' 의 뜻도 가지고 있습니다.

(7) 제비

후배 : 이 체조경기장은 밖에서 보기보다 훨씬 넓고, 시설도 좋아서 선수들의 기록도 잘 나오겠네요.

선배 : 감탄하는 것도 좋지만, 너는 입장권을 사서 들어왔니?

후배 : 아뇨, 제비를 뽑아서 무료입장권으로 들어왔어요. 저는 어릴 때부터 제비뽑기를 잘해요.

선배 : 너는 복도 많네. 어릴 때 다리를 다쳐 잘 날지 못하는 제비의 다리를 고쳐 준 적이 있는 모양이지. ㅎㅎㅎ

후배 : 선배님은 흥부전을 여러 번 읽은 것 같네요. 아, 저기 보세요. 한 선수가 공중제비를 멋지게 넘네요.

선배 : 역시 국가대표 선수답군. 몸이 완전 물 찬 제비야. 내가 한창 잘나갈 때 같은 몸매야. ㅎㅎㅎ

후배 : 선배님, 제비와 꽃뱀이 싸우면 누가 이겨요? ㅋㅋㅋ

} '물 찬 제비'는 구름을 차고 날아오른 제비처럼 몸매가 아주 매끈하여 보기 좋은 사람을 비유하여 말하는 관용구입니다.

(8) 판다

어린이 : 오늘 현장학습 시간에 이렇게 동물원에 와 보니 너무 좋아요. 선생님, 우리 자주 오기로 해요.

선생님 : 알았어, 모두가 선생님 말만 잘 들으면 자주 오기로 하지.

어린이 : 야~ 신난다. 선생님, 그런데 저 우리 속의 동물이 판다예요?

선생님 : 오, 잘 아네. 중국을 상징하는 판다곰이야.

어린이 : 아, 너무 귀여워요. 조그마한 아기판다네요. 선생님 판다곰이 지금 먹고 있는 게 뭐예요?

선생님 : 판다곰은 대나무를 좋아해서 대나무를 먹고 있지.

어린이 : 대나무는 굉장히 딱딱한데 아마 이가 아주 튼튼한가 봐요.

선생님 : 어떨 때는 저 딱딱한 대나무를 하루 종일 먹고 있어.

어린이 : 저 귀여운 판다, 한 마리 사 갔으면 좋겠어요. ㅎㅎㅎ

선생님 : 그 말을 중국 사람이 들으면, '우리 사람 못 판다 해'라고 대답 할 걸. ㅎㅎㅎ

} 곰과에 속하는 '판다(Panda)'는 귀엽고 친근한 이미지로 인기가 매우 높으며, 중국에서는 제1급 보호동물로 엄중히 보호하고 있습니다.

(9) 한치

아들 : 오늘 엄마하고 모처럼 재래시장에 나왔더니, 사람들이 많고 활기에 차 있어서 나도 힘이 나요.

엄마 : 너는 어릴 때부터 사람들이 많은 곳을 좋아했지. 아무리 경치가 좋아도 조용한 곳에 가면 금방 싫증을 내.

아들 : 그게 아직도 그래요. 성격이 어디 바뀌나요? 그런데 이 오징어는 다리가 왜 이렇게 짧아?

엄마 : 이게 바로 한치오징어야. 일반 오징어와는 다르지. 다리가 한 치 정도로 짧아서 한치라고 부른대.

아들 : 아, 그렇구나. 나는 오늘 처음 알았어요.

엄마 : 대학 전공이 이 분야인데 어떻게 한 치 앞을 못 내다봐? ㅎㅎㅎ

아들 : 엄마는 세 치 앞을 잘 내다보니까 엄마 머리에 새치가 그렇게 많은가 보네. 그 이유를 오늘 처음 알았어요. ㅋㅋㅋ

} '한치'라는 이름은 갈치, 꽁치, 멸치 등과 같이 체형이 길쭉한 데서 붙여진 이름이 아니라, 유독 다리가 짧아 한 치 정도밖에 안 된다는 뜻에서 붙여진 이름이라고 합니다.

(10) 도루묵

엄마 : 우리 아들, 요즈음 공부를 너무 열심히 해서 그런지 얼굴이 그릇되어 보여. 좀 쉬어 가며 해. ㅉㅉㅉ

아들 : 엄마, 지금 자격시험을 앞두고 있어서 어쩔 수 없어요.

엄마 : 그래서 건강을 위해 내가 생선을 기름에 맛있게 구웠어.

아들 : 와~ 맛있게 보이네. 이 생선 이름이 뭐예요?

엄마 : '도루묵'이라는 생선인데, 옛날 임금에게 한 어부가 '묵'이라는 생선을 바쳤는데 너무 맛있어서 '은어'라는 이름을 하사하셨대.

아들 : 이름도 참 예쁘네. 그래서 어떻게 되었어요?

엄마 : 그런데 나중에 다시 먹어 보니 맛이 없어서 '도로 묵이라 해라'라고 해서 도루묵이 되었대. ㅎㅎㅎ

아들 : 잘 못 들었어요. 다시 한 번 이야기해 줘요.

엄마 : 어휴, 지금까지 이야기한 것 말짱 도루묵이네. ㅎㅎㅎ

} '말짱 도루묵'은 아무 소득이 없는 헛된 일이나 헛수고를 속되게 말하는 관용구입니다.

5. 식물명

(1) 마

누나 : 너, 최근에 여자 친구가 생겼다면서? 그래, 예쁘고 마음에 들어?

동생 : 아직 잘 모르겠어. 어떻게 보니까 공주병이 좀 있는 것 같기도 해.

누나 : 너도 혼자 오래 있었는데 어쨌든 일이 잘되어야지.

동생 : 그런데 지금 만들고 있는 것은 뭔데?

누나 : 우리 동생 피부 좋아지라고 마를 갈아서 마즙을 만들고 있어. 정성 들여 만들고 있으니까 한번 먹어 봐.

동생 : 누나, 고맙지만 나는 마를 만지거나 먹으면 과민반응이 일어나.

누나 : 마는 위장장애, 소화불량에 좋은데 과민반응이라니?

동생 : 마를 만지면 피부가 가렵고 벌겋게 돼. 마가 낀가 봐. ㅎㅎㅎ

누나 : 그런데 그건 마가 낀 게 아니고, 체질에 안 맞아서 그런 거야. 너는 앞으로 마 먹지 마. ㅎㅎㅎ

동생 : 알았어. 누나는 앞으로 나 보지 마. ㅋㅋㅋ

} '먹지 마', '보지 마'의 '마'는 동사 '말다'의 명령형입니다.

(2) 배

여친 : 이렇게 화창한 날에 야외로 나왔더니 날아갈 듯한 기분이야.

남친 : 그건 나하고 같이 있으니까 그런 기분이 드는 거야. ㅎㅎㅎ

여친 : 오빠는 자기만족이 심한 것 아냐?

남친 : 천만에, 언제나 있는 그대로만 보고 말하지. 그런데 우리 여기에만 있지 말고 배를 타고 강 건너갈까?

여친 : 강 건너가면 무슨 달콤한 꿀이라도 있어?

남친 : 꿀보다 더 달고 향긋한 과수원의 배가 있지.

여친 : 그래, 어서 건너가. 향긋하고 싱싱한 배를 따서 그 자리에서 먹으면 맛이 배가 되겠네. ㅎㅎㅎ

남친 : 배를 타고 가서 배를 먹으면 맛이 배가 된다고? 아니, 그 반대가 될 수 있어.

여친 : 그 반대라니? 도무지 이해가 안 돼.

남친 : 배가 부를 정도로 많이 먹으면 오히려 맛이 배로 떨어져. ㅋㅋㅋ

} '배'에는 고유어인 '배[舟], 배[梨], 배[腹]'와 한자어인 '배(倍)' 등이 있습니다.

(3) 파

장 과장 : 채소 중에서 파는 혈액순환을 촉진하고, 고혈압 예방에도 도움이 된다고 하니까 많이 먹어야겠어.

임 과장 : 특히 해물을 많이 넣은 파전 같은 것은 맛도 좋고 건강에도 좋지. 다만 파로 만든 파김치는 먹지 않는 게 좋아.

장 과장 : 하기야 회사로 출근하면 파 냄새가 많이 나지.

임 과장 : 더 큰 문제는 파김치를 먹으면 사람이 완전 파김치가 되어 버려. 그게 큰 문제야. ㅎㅎㅎ

장 과장 : 임 과장, 이제 재치 있는 유머가 일취월장으로 발전하네.

임 과장 : 그것도 다 장 과장한테 전수 받은 것 아니겠어?

장 과장 : 그런데 파가 건강에도 좋고 발효식품인 김치도 몸에 좋은데, 왜 파김치만 먹으면 파김치가 되는지 모르겠어. ㅎㅎㅎ

임 과장 : 어허, 그렇게 이것저것 따지니까 피곤해서 쉽게 파김치가 되지. ㅋㅋㅋ

} '파김치가 되다'는 몹시 지쳐서 기운이 아주 나른하게 된다는 뜻의 관용구입니다.

(4) 가지

동생 : 누나, 채소 중에 자주색의 예쁜 가지 있지?

누나 : 색깔도 예쁘고 요리 하기에 따라 맛도 조금씩 다르지. 그런데 갑자기 가지 이야기는 왜 하지?

동생 : 아냐, 아무것도 아냐. 그냥 심심해서 해 본 거야. ㅎㅎㅎ

누나 : 심심하면 가지 이야기를 하냐? 그러고 보니 가지 요리 좀 해 달라는 거네.

동생 : 그냥 해 본 소리야. 그런데 가지 요리에는 어떤 게 있어? ㅎㅎㅎ

누나 : 너, 아주 지능적으로 유도하네. 가지 요리에는 가지무침, 가지볶음, 가지구이, 가지튀김 등이 있어.

동생 : 야~ 가지에는 요리 종류가 가지가지로 많네.

누나 : 맞아. 요리 하기에 따라 맛이 조금씩 나르지만, 다 맛있어.

동생 : 높은 나뭇가지의 가시와는 맛이 다르지? ㅋㅋㅋ

누나 : 희한한 질문을 정말 가지가지로 하네. 나 놀리는 거야?

동생 : 그거야 불문가지지. 아, 미안 미안. ㅎㅎㅎ

} '불문가지(不問可知)'는 묻지 않아도 알 수 있다는 사자성어입니다.

(5) 갈대

선배 : 모처럼 강변에 나왔더니 갈대가 엄청 많이 보이네.

후배 : 선배님, 집에만 틀어박혀 있다가 이렇게 나오기를 잘했네요.

선배 : 불어오는 가을바람에 춤을 추는 갈대의 모습 보기만 해도 시원해. 앞으로도 자주 나오면 좋겠어.

후배 : 그런데 이것은 갈대가 아니고 억새 아니에요?

선배 : 또 슬슬 우기기 시작하네. 너는 한번 우기기 시작하면 끝이 없어.

후배 : 그건 우기는 게 아니고 제 생각을 한번 말해 보는 거죠. 선배님이 오히려 우기는 게 아니에요?

선배 : 이게 갈대인지, 억새인지 갈 데까지 한번 가 봐? ㅎㅎㅎ

후배 : 내 생각에는 분명히 억새 같아요.

선배 : 갈대는 강가나 습지에서, 억새는 주로 산이나 들에서 자라잖아. 너는 이제 갈 때가 된 거 아냐? ㅋㅋㅋ

후배 : 선배님이 갈대를 맞혔으니 갈 때가 된 것 같아요. ㅋㅋㅋ

} '갈대'의 명소로는 순천 습지, 서천 신성리, 태안 신두리 등이 유명합니다. '억새'는 합천 황매산, 신불산 간월재, 창녕 화왕산, 제주 산굼부리 등이 유명합니다.

(6) 달래

최 차장 : 주말을 이용해 산행 및 단합대회를 하니 참 좋네.

임 대리 : 네, 땀 흘리고 나서 이렇게 계곡에 앉아 한잔하니 무릉도원에서 한잔하는 기분이네요.

최 차장 : 임 대리는 무릉도원에서 한잔한 경험이 있는가 보군. ㅎㅎㅎ

임 대리 : 아뇨, 기분이 너무 좋아서 한번 해 본 소리입니다.

최 차장 : 자, 이것 한번 들어 봐. 톡 쏘는 매운 맛의 달래무침이야.

임 대리 : 냉이와 함께 봄을 알려주는 봄나물 달래군요. 보기만 해도 군침이 돌 정도로 맛있어 보이네요.

최 차장 : 매콤해서 술안주로 하기에는 딱 좋아. 그런데 저기에 있는 임 대리 아들 왜 저렇게 부루퉁하지?

임 대리 : 달래가 맛있다고 더 달래요. 매운 것을 잘 먹는 편이에요. ㅎㅎㅎ

최 차장 : 괜찮아. 더 먹게 하고 쟤 좀 달래 줘. ㅋㅋㅋ

} '무릉도원(武陵桃源)'은 '도연명'의 '도화원기'에 나오는 말로, '이상향', '별천지'를 비유해서 하는 말입니다.

(7) 부추

남편 : 맛있는 냄새가 코를 찌르는데 무슨 전을 부치고 있어?

아내 : 자기 코 하나는 성능이 좋아. 결혼하기 전부터 어디 가면 맛있는 냄새 하나는 잘 맡았지. 지금도 여전해. ㅎㅎㅎ

남편 : 그게 어디 갈 리가 없지. 지금 무슨 전을 부치는데?

아내 : 보드라운 부추가 있어서 자기가 좋아하는 부추전을 부치고 있어.

남편 : 아, 정구지전을 부치는구나. 또 막걸리 생각이 나네. 정구지전에는 막걸리가 제격이지. ㅎㅎㅎ

아내 : 간기능 개선에 좋다고 해서 부추전을 부치는데, 또 술을 찾으면 어떻게 해? 내가 병 주고 약 주는 꼴이네.

남편 : 애초에 나는 막걸리 마실 생각이 없었어. 그런데 부추로 자꾸 부추기니까 자기 성의를 봐서라도 안 마실 수가 없지. ㅋㅋㅋ

아내 : 와~ 둘러대기는... 자기 미워! ㅎㅎㅎ

} '정구지'는 '부추'의 사투리입니다.

(8) 구기자

오 기자 : 구 기자, 이제 신문사 기자 생활도 10년이 넘었네.

구 기자 : 나와 같이 입사했는데 눈 깜짝할 사이에 세월이 이렇게 흘러 버렸어. 참 빠르기도 하지.

오 기자 : 오늘 아침부터 취재하느라 많이 피곤할 텐데 이 차 한잔 마셔 봐. 몸이 좀 가벼워질 거야.

구 기자 : 음, 상큼하고 좋은데, 이거 무슨 차지?

오 기자 : 구기자를 넣어서 푹 달인 구기자차야.

구 기자 : 뭐, 나를 넣어서 달였다고? 내가 구 기자라고 나를 넣어서 이렇게 막 달여도 되는 거야? ㅎㅎㅎ

오 기자 : 오미자차와 구기자차가 있는데, 구 기자에게는 구기자차가 잘 어울리게 마련이지. ㅎㅎㅎ

구 기자 : 오늘 체면 완전히 구겼네. 에라, 구길 대로 구기자. ㅋㅋㅋ

} '구기자(枸杞子)'는 '오미자(五味子)'와 함께 나무의 열매로서 한약재 이외에 차를 끓여 널리 애용되고 있습니다.

(9) 바나나

누나 : 나는 과일 중에는 바나나가 제일 향기롭고 맛있어.

동생 : 그렇게 먹고도 싫증 안 나? 나는 아무리 좋아하는 과일이라도 조금만 먹으면 물리고 말아.

누나 : 너는 참 이상해. 내가 좋아하는 사람이 있다면 보면 볼수록 좋듯이 과일도 마찬가지 아냐? ㅎㅎㅎ

동생 : 바나나 이야기하다가 왜 사람으로 연결하는데?

누나 : 아무튼 이 바나나 한번 먹어 봐. 정말 향기롭고 달콤해.

동생 : 그래서 나는 '누나는 늘 바나나에 반하나?' 하는 생각을 갖게 됐지. 바나나에 반하지 말고, 남자에게 반하면 안 돼? ㅎㅎㅎ

누나 : 바나나를 아무리 먹어도 반할 만한 남자가 안 보여.

동생 : 그러면 바나나에 반(反)해, 파인애플은 어때? ㅎㅎㅎ

누나 : 좋은 생각이 떠올랐어. 바나나를 반(半), 파인애플을 반(半) 하면 어떨까? ㅋㅋㅋ

} - 동사 '반하다'는 고유어이며, '반(反)하다'는 한자어 어근의 동사입니다.
- '반(半)'은 명사입니다.

(10) 오렌지

딸 : 아빠, 그동안 잘 계셨어요? 얼굴이 아주 좋아 보이네요.

아빠 : 야~ 우리 딸이 결혼한 지 얼마 만에 친정에 온 거야? 너를 본 지 얼마나 <u>오랜지</u> 모르겠어.

딸 : 전화로는 자주 이야기를 나누었지만, 이렇게 직접 만나서 얼굴을 뵙는 것은 꽤 오래되었어요.

아빠 : 나는 엄마랑 건강하게 잘 지내고 있어. 너희 가족도 모두 건강하지?

딸 : 네, 아빠. 그리고 이건 오는 길에 마트에서 산 <u>오렌지</u>예요.

아빠 : <u>오렌지</u>는 좋아하지만, 나이가 들어서는 신 <u>오렌지</u>는 잘 못 먹어.

딸 : 이건 시지 않고 아주 달아요. 드셔 보세요.

아빠 : 야~ 이 오렌지는 시지 않고 달고 향기가 좋네. 그러고 보니 오렌지 먹어 본 지 얼마나 <u>오랜지</u> 모르겠네. ㅎㅎㅎ

딸 : <u>오렌지</u>는 <u>오래간만</u>에 먹어야 더 맛있는가 봐요. ㅎㅎㅎ

} - '먹어 본 지'의 '지'는 어떤 일이 있었던 때로부터 지금까지의 동안을 나타내는 의존명사입니다.
- '오랜지'의 '지'는 형용사 '오래다'에 쓰인 연결어미입니다.

6. 직위·호칭·이름

(1) 강원대

선배 : 나는 내 이름에 대해서 늘 자부심을 갖고 있고, 부모님께도 감사하고 있어. 그런데 어제 좀 황당한 일이 있었어.

후배 : 선배님 이름은 나도 참 멋있다고 생각하고 있어요. 언제나 원대한 꿈을 가지고 있다는 의미잖아요.

선배 : 어제 입사원서에 강원대라고 이름을 적었더니, 접수처에서 출신 대학을 적는 게 아니고 본인 이름을 적으래. ㅎㅎㅎ

후배 : 정말 재미있는 일이 벌어졌네요. 그래서요?

선배 : 강원대가 내 이름이라고 하니까 미안해하면서 이름이 아주 멋있대.

후배 : 나도 지난번에 양재동이라고 썼더니, 담당자가 주소명을 쓰지 말고 자신의 이름을 쓰래요. ㅎㅎㅎ

선배 : 여자 이름을 양재동이라고 하니까 오해할 만해. 아무튼 우리 부모님께 고마워해야 돼. ㅋㅋㅋ

} '강원대(姜遠大)'와 '강원대(江原大)', '양재동(梁在東)'과 '양재동(良才洞)'은 한글 동자이의어입니다.

(2) 고 대사

현 대사 : 고 대사, 오래간만이네. 그래, 건강은 좋고?

고 대사 : 현 대사, 정말 반갑네. 외교부 본부에서 근무하면서 이렇게 한 번 보기도 쉬운 일이 아니네.

현 대사 : 우리 동기생으로 외교부에 입부해서 본부와 해외공관에서 근무한 지가 벌써 상당한 시간이 흘렀군.

고 대사 : 현 대사는 이번에 본부 근무를 끝내고 해외공관으로 나가야 할 텐데, 어느나라 대사로 나가고 싶어?

현 대사 : 일본은 피하고 싶어. 독도 문제, 위안부 문제에 대해서 많은 질문이 나오거든. 근대사, 현대사 전공도 아닌데 말이야. ㅎㅎㅎ

고 대사 : 그건 나도 마찬가지야. 일본 황실과 백제와의 관계에 대해 자주 질문이 나와. 나도 고대사 전공이 아냐. ㅎㅎㅎ

현 대사 : 고 대사, 일본은 가까워서 좋기는 하지만, 신경이 많이 쓰이는 곳이라 마음이 안 편할 것 같아.

} '고대사(高大使)'와 '고대사(古代史)', '현대사(玄大使)'와 '현대사(現代史)'는 한글 동자이의어입니다.

(3) 고 소장

고 소장 : 우리 사장님께는 좀 미안하지만, 어제 황당한 일이 발생해서 멘붕 상태에 빠졌어.

한 실장 : 사장님이 무슨 말씀을 하셨는데 그래?

고 소장 : 갑자기 나를 부르시더니 너무나 엉뚱한 지시를 하시니 내가 고소를 금할 수밖에 없지. ㅎㅎㅎ

한 실장 : 아니, 말을 빙빙 돌리지 말고 말의 핵심을 말해 봐.

고 소장 : 우리 회사의 명예를 실추시키고 거짓 기사를 쓴 기자를 고소하기 위해 고소장을 작성해 보래.

한 실장 : 그거야 고 소장이 현장 소장이니까 누구보다 잘 알잖아?

고 소장 : 육하원칙에 따라 작성해야 하는 고소장은 적어도 법대를 나온 사람이 써야 되는 것 아니? ㅠㅠ

한 실장 : 아무래도 고 소장이 고소장을 쓰는 게 당연할 것 같은데. ㅋㅋㅋ

} '고소장(高所長)'과 '고소장(告訴狀)'은 한글 동자이의어입니다.

(4) 구 청장

방문객 : 안녕하세요? 청사가 아주 깨끗하고 좋네요.

비서 : 어서 오세요. 실례지만, 어떻게 오셨어요?

방문객 : 구 청장님을 뵈러 왔는데, 지금 안에 계시는지 모르겠네요. 워낙 바쁘신 분이라서...

비서 : 아, 그러세요. 미안합니다만, 여기는 구청이 아니고 경찰청입니다. 구청은 여기에서 조금 떨어져 있어요.

방문객 : 저도 경찰청이라는 걸 분명히 알고 왔어요.

비서 : 조금 전에 구청장님을 만나러 왔다고 말씀하셨잖아요? 그래서 말씀드리는 거예요.

방문객 : 이번에 부임하신 '구영호' 청장님 말입니다.

비서 : 아, 죄송합니다. 제가 좀 착각했습니다. ㅎㅎㅎ

방문객 : 괜찮아요. 구 청장과 구청장은 착각하기 십상이지요. ㅎㅎㅎ

} '구청장(具廳長)'과 '구청장(區廳長)'은 한글 동자이의어입니다.

(5) 명 판사

아내 : 그동안 그렇게 결혼 안 하겠다고 한 딸이 결혼을 하니까 집안에 경사가 난 듯 한 기분이네요.

남편 : 물론이지. 게다가 명씨 성을 가진 판사, 명 판사를 사위로 맞이하게 되었으니 더욱 의미가 크지.

아내 : 이런 것을 겹경사라고 하나요? ㅎㅎㅎ

남편 : 앞으로 명판결을 많이 내리는 명판사가 되겠지. ㅎㅎㅎ

아내 : 그런데 우리 아들은 오 판사라서 큰일이에요. ㅉㅉㅉ

남편 : 그거야 어쩌겠어? 조상으로부터 받은 성인데. 우리 가문에 안 태어났으면 판사가 못 되었을지도 모르지.

아내 : 재판에서 오판은 안 해야 할 텐데...

남편 : 아니, 엑스(X)판은 나쁘지만, 오(O)판은 좋은 거예요. ㅎㅎㅎ

아내 : 당신, 완전히 아전인수격인 해석을 하네요.

} '명판사(明判事)'와 '명판사(名判事)'는 한글 동자이의어입니다.

(6) 양 계장

양 계장 : 우리 회사는 아무리 열심히 일을 해도 승진을 잘 안 시켜 주니 짜증이 날 때가 많아.

육 계장 : 그 말에는 나도 전적으로 동감해.

양 계장 : 나는 성을 바꾸든지 빨리 승진을 하든지 해야지, 이거 영 부끄러워서 살 수가 있어야지.

육 계장 : 양 계장, 승진이 늦다고 성까지 바꾸어야겠다니?

양 계장 : 닭을 키우지 않는데도 양계장이라고 자주 놀림을 받아. ㅎㅎㅎ

육 계장 : 그건 약과야. 나는 더해.

양 계장 : 육 계장은 또 무슨 고민이 있어?

육 계장 : 나는 식당에만 가면 육개장이라고 놀림을 받지. 여기저기서 육개장이 맛이 있느니 없느니 하면서 말이지. ㅎㅎㅎ

양 계장 : 우리 분발해서 빨리 승진하자. 그게 답이야.

} '양계장(梁係長)'과 '양계장(養鷄場)'은 한글 동자이의어입니다.

(7) 연 기자

연 기자 : 어제 연기자총회가 있었는데 취재차 거기에 갔다 왔어. 많은 연기자들이 모였는데 분위기가 아주 화기애애했어.

안 기자 : 연 기자는 문화부 소속이니까 당연히 갔다 왔겠네. 그런데 연기자 모임에 가니까 헷갈리는 일은 없었어?

연 기자 : 이미 감을 잡고 하는 말 같네. 당연히 내가 연 기자인지, 연기자인지 혼란스러웠지. ㅎㅎㅎ

안 기자 : 나는 어제 기자들 송년회에 갔다 왔어.

연 기자 : 안 기자는 좀 헷갈리는 일 같은 것은 없었어?

안 기자 : 헷갈리기보다는 좀 당황스러운 일이 있었지.

연 기자 : 당황스러운 일이라니? 무슨 일인데?

안 기자 : 한 여기자가 나보고 안 기자라고 부르길래 순간 당황스러웠지.

연 기자 : 왜, 안기자라고 하면서 안기면 좋잖아? ㅋㅋㅋ

} '연기자(延記者)'와 '연기자(演技者)'는 한글 동자이의어입니다.

(8) 정 차장

정 차장 : 전무님, 회의장 부근에 다 왔는데, 내리실 곳을 미리 말씀해 주세요. 이 부근은 교통량이 많아서 정차가 좀 어렵습니다.

박 전무 : 알았어요. 내가 미리 말할게. 오~ 저기 보이는 흰 건물 앞에 세워 주면 되겠어요.

정 차장 : 전무님, 저기는 정차장이 아닌 데다가 들고 내릴 짐도 많아서 차 세우기가 곤란합니다.

박 전무 : 정 차장이 정차장이 아니라고 하면 할 수 없지요. ㅎㅎㅎ

정 차장 : 전무님, 미안합니다. 조금 더 가서 세우겠습니다. 이 일대는 주정차 단속이 특히 심한 곳입니다.

박 전무 : 일전에는 관리부 주 차장에게 길에서 좀 기다리라고 했더니만, 주차장이 아니라고 해서 내가 우습게 됐어요. ㅎㅎㅎ

정 차장 : 주 차장은 전무님에 대한 예의가 전무하네요. ㅎㅎㅎ

} '정차장(鄭次長)'과 '정차장(停車場)', '주차장(朱次長)'과 '주차장(駐車場)'은 한글 동자이의어입니다.

(9) 주 방장

주 영희 : 선배님, 나는 지난주에 MT에 가서 엄청 고생했어요. 그래서 다음에는 참가하고 싶은 마음이 없어요.

양 성우 : 그건 왜 그래? 참가해서 학과 선후배들과 어울리면서 즐거운 시간을 가지면 좋잖아?

주 영희 : 그게 아니에요. 하여튼 개고생했어요.

양 성우 : 알았어. 술을 너무 마셔서 고생한 거구나.

주 영희 : 처음에 나를 방장으로 추대해 주 방장으로 부르더니만, 식사부터 설거지까지 다 시키잖아요. 완전히 주방장이 되었죠. ㅠㅠ

양 성우 : 나도 전에 선배님들이 나를 조장으로 만들어 양 조장으로 부르고는 계속 술 사오래. 술 공급하는 양조장이 된 거야. ㅎㅎㅎ

주 영희 : 그때 만약 선배님과 같이 있었으면 술과 안주는 모두 해결되었겠네요. ㅎㅎㅎ

양 성우 : 그것 좋은 생각이야. 다음에는 우리 눌만 가. ㅋㅋㅋ

} '주방장(朱房長)'과 '주방장(廚房長)', '양조장(梁組長)'과 '양조장(釀造場)'은 한글 동자이의어입니다.

(10) 한지혜

교수 : 어, 자네 한지혜 아냐. 웬일이야? 내 연구실에 다 오고.

학생 : 교수님, 이제 종강도 다 하고, 다음 주에 기말고사를 치르면 1학기가 전부 끝나요. 그래서 인사차 왔습니다.

교수 : 요즈음 학생치고 보기 드물게 기특한 학생이군.

학생 : 한 학기가 끝나면 수고하셨다고 인사하는 게 당연하잖아요.

교수 : 지혜, 자네는 지식과 지혜 중에 어느 것을 갖고 싶어?

학생 : 지혜를 갖고 싶은데 저는 이미 지혜를 가졌어요. ㅎㅎㅎ

교수 : 역시 이름대로 지혜로운 학생이네. 그런데 지식이 없어서 그런지 성적은 좀 별로네. ㅎㅎㅎ

학생 : 제가 성적이 좋으면 다른 학생이 장학금을 못 받잖아요. ㅋㅋㅋ

교수 : 그것참 재치도 있고 지혜로운 대답이네.

학생 : 교수님, 서 한 지혜 하죠? ㅎㅎㅎ

'한지혜(韓志惠)'의 '지혜(志惠)'와 '지혜(智慧)'는 한글 동자이의어입니다.

7. 기업·상호·상품

(1) 나이키

직원 : 어서오세요. 반갑습니다.

손님 : 야~ '나이키' 매장에는 처음 들어와 봤는데, 실내 인테리어가 아주 아늑한 분위기라서 참 좋네.

직원 : 감사합니다. 어떤 상품을 원하시는데요?

손님 : 티셔츠를 하나 보러 왔어요. 아, 마음에 드는 게 바로 눈앞에 있네. 이 티셔츠 나한테 잘 어울리겠구나.

직원 : 네, 디자인과 색깔이 특히 손님께 잘 어울려요. 실례지만 나이와 키는 어떻게 되시죠?

손님 : 아니, 사이즈도 아니고 나이, 키는 왜 물어봐요?

직원 : 저희는 외면상의 멋도 중요하지만, 내면에서 표출되는 멋도 중요시해요. 그래서 나이, 키를 참고로 해서 상품을 권유하죠. ㅎㅎㅎ

손님 : 야~ 나이, 키까지 참고하다니 과연 '나이키'구나. ㅎㅎㅎ

} 인테리어(Interior)는 실내를 장식하는 일 또는 실내장식용품을 말합니다.

(2) 다이소

여친 : 주방용품을 몇 가지 사야겠는데 어디가 좋을까?

남친 : 국민가게, '다이소'에 가면 되겠네. 아주 편리해.

여친 : 아니, 남자가 어떻게 주방용품 전문점까지 잘 알아? 하기야 오빠는 구석구석 모르는 게 없지.

남친 : 많이 알면 알수록 편리한 세상이야. '아는 것이 힘이다'라는 말이 있잖아? 이를 두고 하는 말이야. ㅎㅎㅎ

여친 : 그렇다고 너무 아는 체하지 마. 다이소는 뭐 하는 곳인데?

남친 : 균일가 생활용품 매장이야. 일본 'ダイソー(DAISO)'도 있지만, 한국 다이소는 이름이 재미있어. '다 있소'라고. ㅎㅎㅎ

여친 : 그럼 없는 게 없다는 뜻이네. 그런데 일본 기업이야?

남친 : 아니, 브랜드만 같이 사용하는 한국 기업이래.

} '다이소'는 일본의 기업인 大創(다이소, ダイソー, DAISO)産業(산업)과 브랜드만 공유하는 한국 기업이라고 합니다.

(3) 말보로

임 과장 : 부장님, 오늘부터 출근하셨네요. 여름휴가는 잘 다녀오셨어요?

조 부장 : 덕분에 휴가를 잘 보냈어요. 그동안 회사에는 별일 없었어요? 휴가 중에도 자꾸 회사 일이 신경 쓰여서…

임 과장 : 예, 회사에는 별일 없습니다. 사장님도 이번 주부터 해외 출장 겸 휴가를 떠나셨어요.

조 부장 : 임 과장은 아직 담배 피우죠?

임 과장 : 예, 아직 못 끊고 계속 피우고 있습니다. 끊으려고 해도 참 힘드네요.

조 부장 : 이것 별것 아니지만 조그마한 선물이에요.

임 과장 : 아, '말보로' 담배네요. 감사합니다. ㅎㅎㅎ

조 부장 : 이번 여름휴가 때 남편하고 같이 미국에 있는 딸한테 갔다 왔어요. 오는 길에 사 온 거예요.

임 과장 : 그럼 미국에 딸 보러 간 게 아니고, 말 보러 가셨어요? ㅎㅎㅎ

} '말보로(Marlboro)'는 '필립 모리스(Philip Morris)' 사에서 제조하고 있는 담배 브랜드입니다.

(4) 비비고

동료 A : 요즈음 기업체마다 자기 회사 상품의 홍보를 위해 기발한 아이디어를 많이 짜내고 있어.

동료 B : 나도 그렇게 느끼고 있어. 얼마 전에 마트에 가 보니 사람들의 시선을 끄는 상품명들이 제법 눈에 띄더구먼.

동료 A : 나는 그중에서도 '비비고'라는 브랜드, 정말 잘 지은 것 같아.

동료 B : 그럼, 특히 비빔밥이나 비빔면에는 제격이지.

동료 A : 이것을 맛있게 먹으려면 잘 비벼야 한다는 뜻이 바로 연상되니 얼마나 잘 지었어.

동료 B : 자기도 회사에서 윗사람에게 잘 비비고 해 봐. 이제 승진해야지. ㅎㅎㅎ

동료 A : 어, 갑자기 이상하게 흘러가네. ㅋㅋㅋ

동료 B : 비비는 것도 밉게 보면 아첨이지만, 예쁘게 보면 예의야.

동료 A : 이제 나도 잘 비비고 해서 승진하면 비빔면 많이 살게. ㅎㅎㅎ

> 동사 '비비다'에는 ①맞대어 문지르다 ②한데 버무리다 ③비위를 맞추거나 아부하다 ④헤집거나 비집다, 등의 뜻이 있습니다.

(5) 아나파

아들 : 엄마, 오후에 안 보이던데 어디 갔다 왔어요?

엄마 : 그래, 치과에 좀 갔다 왔어. 친한 친구가 '아나파' 치과를 적극 추천하길래 갔다 왔어.

아들 : 아나파 치과? 요즈음은 병원 이름에 아나파 내과, 아나파 외과, 아나파 성형외과 등 '안 아파'라는 뜻의 '아나파'를 붙이는 곳이 제법 있어요.

엄마 : 그래서 그런지 아프지 않고, 안 아팠어. ㅎㅎㅎ

아들 : 누가 '아파' 치과에 가겠어요. '아나파' 치과에 가지. ㅎㅎㅎ

엄마 : 너도 나중에 혹시 이가 아프면 한번 가 보렴.

아들 : 그런데 내가 아침부터 감기인지 열도 나고 머리가 좀 아파.

엄마 : 너, 아나? 파! 감기에는 파를 달여 먹으면 좋아.

아들 : 그러면 열도 안 나고 머리도 안 아파지겠네.

엄마 : 한결 낫지. 네가 아프면 내가 마음이 아파. ㅠㅠ

} 형용사 '아프다'에는 ①몸의 어느 부분이 다치거나, ②몸이 병이 난 상태, ③복잡한 문제나 슬픔으로 인해 괴로운 상태에 있다, 등의 뜻이 있습니다.

(6) 이비가

남친 : 오늘 아침 일찍 일어나서 그런지 벌써 배가 고픈데.

여친 : 오빠, 내 마음 어떻게 그렇게 잘 알아? 이심전심이네.

남친 : 어디 가서 얼큰한 짬뽕으로 점심 먹자. 이 부근에 짬뽕 맛집 없을까? 아, 생각 났어. 너, '이비가' 짬뽕 먹어 봤어?

여친 : 아니, 아직 안 먹어 봤는데 맛있어?

남친 : 지난주에 친구들과 같이 먹어 봤는데, 워낙 맛이 있어서 자꾸 입이 가. 자꾸 입이 갈 정도니까 얼마나 맛있겠어? ㅎㅎㅎ

여친 : 야, 오빠만 입이가? 나도 입이다. 그런 곳 있으면 오빠만 가지 말고 나하고도 같이 가자고. ㅎㅎㅎ

남친 : 미안해. 말이 나온 김에 지금 바로 갈까?

여친 : 지금은 비가 오잖아. 이 비가 그치면 같이 가.

남친 : 뭐, 이 비가 그치면? 와~ 너 오늘 한 건 했어. ㅎㅎㅎ

} '이심전심(以心傳心)'은 마음과 마음으로 서로 뜻이 통한다는 뜻입니다.

(7) 코로나

신 대리 : 오늘 날씨도 덥고 불금인데 시원한 맥주라도 한잔할까?

윤 대리 : 듣던 중 반가운 소리. 벌써 목이 다 시원해.

신 대리 : 윤 대리는 멕시코의 '코로나' 맥주 마셔 본 적이 있어?

윤 대리 : 코로나? 아직 마셔 본 적은 없는데, 걸려 본 적은 있어. ㅋㅋㅋ

신 대리 : 코로나 바이러스 말고, 코로나 맥주 말이야.

윤 대리 : 잠깐 농담 한번 해 봤어. 맛은 좋아?

신 대리 : 투명한 맥주병인데 여기에 라임이나 레몬을 넣어서 마시면 맛이 환상적이어서 코로 나올 지경이야. ㅎㅎㅎ

윤 대리 : 맛이 얼마나 좋기에 코로 나올 정도야?

신 대리 : 입으로 안 나오고 코로 나온다는 건 맛과 향기가 코끝을 맴돈다는 뜻이야.

윤 대리 : 그러면 코로나 방전이 일어나는 장식품 옆에서 마시면 맛과 향기가 더욱 좋겠네. ㅎㅎㅎ

} '코로나 엑스트라(Corona Extra)'는 멕시코를 대표하는 맥주 브랜드입니다.

(8) 도로공사

선배 : 야~ 오늘 같은 주말에 날씨도 화창한데 이렇게 <u>고속도로</u>를 달리니까 가슴이 뻥 뚫리네.

후배 : 선배님, 가슴이 뻥 뚫리는 것도 좋지만, 이렇게 과속으로 달리다가 일찍 가는 수가 있어요. 같이 가면 나는 3년 손해예요. ㅋㅋㅋ

선배 : 알았어. 속도위반 안 할게. 그런데 갑자기 차가 왜 이렇게 밀려? 아, 짜증 나. 또 <u>도로 공사(工事)</u>야.

후배 : 짜증 내지 마세요. 누가 <u>공사</u>를 하고 싶어서 해요?

선배 : <u>도로공사</u>는 매일 공사만 하나?

후배 : <u>한국도로공사</u>는 공기업인 <u>공사(公社)</u>예요. 고속도로의 건설, 유지, 관리까지 하니까 오히려 고맙게 생각해야죠.

선배 : 와~ 네 아버지가 <u>도로공사</u>의 사장인 것 같네. ㅋㅋㅋ

후배 : 선배님은 <u>공사(公私)</u>를 구분하지 못하는 게 탈이에요. ㅎㅎㅎ

} '공사(工事)', '공사(公社)', '공사(公私)'는 한글 동자이의어입니다.

(9) 모드니에

동생 : 요즈음 길거리에 <u>모드니에</u> 카페, <u>모드니에</u> 팬션, <u>모드니에</u> 다이어트처럼 '<u>모드니에</u>'가 눈에 띄는데, 이 말이 영어야?

누나 : 내 생각에는 '<u>모든</u> <u>이에</u>'라는 말을 소리 나는 대로 적은 것인데, 발음상 마치 영어처럼 들려서 그래.

동생 : 듣기에 굉장히 부드럽고 어감이 아주 좋아.

누나 : <u>모든</u> <u>이에</u> 드린다는 이미지니까 좋기 마련이지.

동생 : 그리고 보니 누나도 <u>모드니에</u> 결혼정보 회사 같은 것을 만들어 누나 결혼부터 해결하면 어떨까? ㅋㅋㅋ

누나 : 야, 야! 너 또 나에게 스트레스를 줄 거야?

동생 : 이건 스트레스를 주는 게 아니라, 풀어 주는 거지. ㅎㅎㅎ

누나 : 됐어. 그만 해. 그리고 '<u>누네띠네</u>'도 '<u>눈</u>에 <u>띄네</u>'에서 온 거지.

동생 : 누나도 <u>모든</u> <u>이에</u> <u>눈</u>에 <u>띄</u>면 좋겠는데. ㅎㅎㅎ

} 동음이의어나 유사 발음을 활용한 재미있는 표현은 광고 업계에서는 아이디어 영역 중 하나입니다.

(10) 보까보까

여친 : 지난 주말에 친구들이랑 먹자골목에 갔는데, 상호 이름이 참 재미있고 기억하기도 쉬웠어.

남친 : 뭔데? 무슨 좋은 이름이 눈에 띄었어?

여친 : '보까보까' 순대볶음이라는 음식점이야. 순대볶음 전문점이라고 해서 그런지 맛도 있고 손님도 대기하고 있을 정도였어.

남친 : 정말 참신한 아이디어구나. '보까보까'에는 '볶아볶아'라는 의미도 있지만, '볶아 볼까'라는 뜻도 있겠네. ㅎㅎㅎ

여친 : 그런 의미 분석은 어디에서 나오는 거야? 대단해.

남친 : 갑자기 너무 띄우니까 조금 불안해. 그리고 '보까보까'라는 이름을 붙이려면 볶음닭도 좋고, 주꾸미도 좋겠는데.

여친 : 나는 여러 번 느끼는데 오빠는 언어의 마술사인 것 같아. ㅎㅎㅎ

남친 : 다른 것은 <u>볶아도</u> 좋은데, 나는 <u>볶지</u> 마라고. ㅋㅋㅋ

} 주꾸미는 문어과의 연체동물로 '쭈꾸미'로도 쓰이고 있지만, '쭈꾸미'는 비표준어이고 '주꾸미'가 표준어입니다.

8. 자연 환경

(1) 센강

동료 A : 이번 여름휴가 때는 어떻게 보냈어?

동료 B : 모처럼 큰마음을 먹고 서유럽 여러 나라를 여행했는데, 그중에서도 특히 프랑스가 인상에 남아.

동료 A : 나는 전부터 구상해 온 책을 쓰는 데에 많은 시간을 보냈어.

동료 B : 책을 쓰면서 휴가를 보냈다고? 참 우아하게 보냈구나.

동료 A : 프랑스에서는 재미있는 일이라도 있었어?

동료 B : 세계의 강끼리 누가 힘이 <u>센</u>지 시합을 했대. ㅎㅎㅎ

동료 A : 그거 재미있겠네. 누가 가장 <u>센 강</u>이야?

동료 B : 역시 이름대로 프랑스의 <u>센강</u>으로 결정이 되었대.

동료 A : 그 이유가 뭐지? 몹시 궁금하네.

동료 B : <u>센강</u>의 강변에는 늘 힘이 <u>센</u> 사람, 자존심이 <u>센</u> 사람, 머리가 <u>센</u> 사람, 술이 <u>센</u> 사람들이 각처에서 모여든대. ㅎㅎㅎ

동료 A : 그런데 자기처럼 허풍이 <u>센</u> 사람은 안 모여들어? ㅋㅋㅋ

} '센(Seine)강'은 프랑스 북부를 흐르며, 프랑스에서 세 번째로 긴 강입니다.

(2) 소양강

동생 : 다른 친구들은 자기 오빠가 야구장에 자주 데리고 간다는데, 오빠는 나를 왜 안 데리고 가지?

오빠 : 너는 야구 룰도 모르잖아. 게다가 응원석에서 열심히 응원도 하면 재미가 있는데 그것도 못할 테고.

동생 : 웃기지 마. 나는 야구 룰도 잘 알고, 응원가도 많이 알고 있어.

오빠 : 그래? 그럼 응원가 중 대중가요 '<u>소양강</u> 처녀' 아니?

동생 : 그 정도는 기본 상식으로 잘 알고 있지.

오빠 : 생각보다 대단하네. 그런데 <u>소양강</u> 처녀의 인기 비결을 알아? 소양강변의 아가씨가 얼짱, 미모라서 그런 게 아니야.

동생 : 그럼 몸매가 날씬한 몸짱이라서 그래?

오빠 : <u>소양</u>교육을 받아 <u>소양</u>을 갖추어 품위가 있어서 그렇지. ㅎㅎㅎ

동생 : 오빠는 부모 효도에 대한 <u>소양</u>이 없는 것 같아. ㅋㅋㅋ

} '소양강 처녀'는 1970년 가수 김태희 씨가 불러 히트한 대중가요입니다.

(3) 소요산

정 과장 : 조 과장, 우리 회사 일만 너무 하는 것 아냐? 회사 일도 중요하지만 건강도 챙겨야지.

조 과장 : 그야 당연하지. 건강이 있어야 나도 있고 회사도 있지.

정 과장 : 이번 주말에 우리 건강을 위해 <u>소요산</u> 등산 어때?

조 과장 : <u>소요산</u>은 집에서도 가깝고 좋은데 나는 아직 한 번도 안 올라가 봤어. 등산 코스로 <u>소요산</u>이 좋아?

정 과장 : 하루를 여유롭게 <u>소요</u>하기에는 딱 좋아. ㅎㅎㅎ

조 과장 : 산 입구에서 정상까지 <u>소요시간</u>은 어느 정도야?

정 과장 : 얼마 안 걸려. 조 과장은 좀 과체중인데, 산에 자주 가서 운동을 많이 해야 돼. 미안, 미안. ㅎㅎㅎ

조 과장 : 알았어. 그런데 <u>소요산</u>에 가면 술에 취해 <u>소요</u>를 일으키는 사람은 없겠지?

정 과장 : 조 과장이 없으면 그런 사람은 없어. ㅋㅋㅋ

} '소요산(逍遙山)'은 경기도 동두천시에 있는 산으로, 봄에는 진달래와 철쭉이 장관을 이룹니다.

(4) 아차산

아내 : 내일 고등학교 친구들과 모처럼 아차산에 등산을 가기로 했는데, 자기는 혼자서 뭐 할 건데?

남편 : 잘됐네. 나는 대학 친구들과 축구 구경 가기로 약속되어 있어. 내일은 각자 자유시간을 가지는 날이네.

아내 : 그 말 듣고 보니 내가 자유를 많이 속박한 것 같네. ㅎㅎㅎ

남편 : 아니, 그냥 해 본 소리야. 그런데 아차산에 가면 조심해야 해.

아내 : 왜? 그렇게 높지 않고 아기자기한 산인데.

남편 : 힘들지 않다고 방심했다가 아차 하면 다쳐.

아내 : 아차, 몇 년 전의 일이 생각나네. 내가 아차산에 가서 아차 하는 바람에 밑으로 굴러서 다친 적이 있어. ㅠㅠ

남편 : 그래? 아차 하면 내가 장가를 한 번 더 갈 뻔했군. ㅎㅎㅎ

아내 : 듣고 보니 장가를 한 번 더 가려고 은근히 기대하는 것 같네. ㅎㅎㅎ

} '아차산(峨嵯山)'은 서울특별시 광진구와 경기도 구리시를 잇는 산입니다.

(5) 이기대

남친 : 오늘 내가 한국의 관광지에 대해 퀴즈를 한번 내 볼게.

여친 : 알아맞히면 저녁에 맛있는 것 사 줘?

남친 : 너는 꼭 그 대가를 바라는 경향이 있는데 그것 좀 고치면 좋겠어. ㅎㅎㅎ

여친 : 재미로 해 본 말인데 어떻게 그런 심한 말을? ㅠㅠ

남친 : 아, 미안. 나도 재미로 해 봤어. 자, 본론으로 들어가자. 부산에 있는 영도의 태종대와 오륙도 해안의 이기대 알지?

여친 : 응, 알아. 둘 다 바닷가의 경치 좋은 곳이잖아.

남친 : 그런데 어느 날 둘이 서로 누가 더 경치가 좋은지 시합을 했대. 과연 누가 이겼을까?

여친 : 결과는 당연히 지명도가 높은 태종대일 것 같은데...

남친 : 아냐, 이기대가 이겼어. 이기대가 이기대. ㅋㅋㅋ

여친 : 오빠는 항상 나한테 이기대. 여자한테 좀 져 주면 안돼? ㅎㅎㅎ

} '이기대(二妓臺)'는 부산광역시 남구 용호동에 있는 자연공원으로 오륙도를 조망할 수 있는 해안 경치가 뛰어난 관광지입니다.

(6) 태평양

동생 : 나는 다음 달 그동안 꿈꾸어 왔던 요트로 태평양을 횡단하면서 세계 일주를 시작하려고 해.

누나 : 평소에 입버릇처럼 이야기하더니만 준비가 다 되었구나. 경비도 많이 들 텐데 문제는 없어?

동생 : 이를 위해 험한 일도 하면서 돈도 충분히 모았어.

누나 : 정말 대견스럽네. 한편으로는 너는 성격이 천하태평이야. 그래서 태평양을 횡단하는 꿈을 갖고 있었는가 봐. ㅎㅎㅎ

동생 : 태평양은 한 나라의 운명과 같아서 재미있지. 파도가 칠 때는 풍전등화와 같고, 잔잔할 때는 태평성대와 같지.

누나 : 네가 걱정스럽기도 하고 부럽기도 해.

동생 : 태평양으로 나가면 우리나라의 평화와 태평을 기원하겠어. ㅎㅎㅎ

누나 : 너는 어릴 때부터 태평로에서 자라 성격이 태평스러운가 봐. ㅋㅋㅋ

} '태평양(太平洋)'은 대서양·인도양·남극해·북극해와 함께 오대양 중의 하나이며, 세계 바다 면적의 반을 차지합니다.

(7) 고비사막

동생: 오빠, 이번 여름방학 때 몽골에 갔다 왔잖아. 어땠어? 위도가 한국보다 북쪽이니까 좀 더 시원했겠네.

오빠: 위도는 좀 더 북쪽이지만 지형에 따라 더운 곳도 있고, 시원한 곳도 있지. 좀 힘들기는 했지만 좋은 경험을 했어.

동생: 좀 힘들었다니? 몽골에 가서 뭐 했는데?

오빠: 대학 동아리에서 갔잖아. 몽골의 전통문화 체험도 하고, 고비사막에서 트레킹을 겸한 극기훈련도 했어.

동생: 뭐, 고비사막에서 극기훈련을 했다고? 웬일이야? 오빠는 우리 집에서도 의지력이 약한 편인데 고비사막에서 극기훈련을 하다니. ㅎㅎㅎ

오빠: 정말 힘들 때도 있었지만, 고비마다 정신력으로 극복했지.

동생: 오빠를 다시 봐야겠어. 존경도 하고. ㅋㅋㅋ

오빠: 고마워. 이거 고비나물인데 한번 먹어 봐. ㅎㅎㅎ

} '고비(Gobi)사막'은 몽골(Mongolia)의 몽골고원 중부에 있는 사막입니다.

(8) 사하라사막

남친 : 사하라사막을 횡단한 사람이 쓴 긴 여정의 여행에세이는 참 감동적이었어. 가슴이 뭉클해질 정도였으니까.

여친 : 나는 책은 읽지는 못 했지만, 텔레비전에서 그러한 다큐멘터리를 본 적이 있는데 나 역시 가슴이 찡했어.

남친 : 사하라사막에 들어가면 대자연의 경외함에 새삼 숙연해지고, 사람이 자신도 모르게 겸손해진대.

여친 : 내가 사하라에 간다면 우리 모두가 서로 잘못한 것을 따지지 말고, '서로서로 사(赦)하라'라고 외치고 싶어. ㅎㅎㅎ

남친 : 이거 갑자기 너무 엄숙한 거 아냐?

여친 : 특히 오빠가 나에게 서운하게 한 많은 잘못도 모두 사해 주고 싶어. ㅋㅋㅋ

남친 : 그럼 네가 나에게 서운하게 한 것은 하나도 없다는 거야?

여친 : 안되겠어. 우리 가능한 한 빨리 사하라사막에 한번 갔다 와야겠어. ㅎㅎㅎ

- '사하라(Sahara)사막'은 아프리카 북부의 대부분을 차지하며, 홍해 연안에서 대서양 해안에 이르는 세계 최대의 사막입니다.
- 동사 '사(赦)하다'는 지은 죄나 허물을 용서한다는 뜻입니다.

(9) 안데스산맥

동생 : 오빠는 남미의 안데스산맥 알지?

오빠 : 물론 잘 알지. 고등학교 때 지리 시간에 배운 안데스산맥을 왜 몰라? 그런데 갑자기 왜 물어?

동생 : 오늘 수업 시간에 안데스산맥에 대해서 공부했는데, 안데스가 참 안됐다는 생각이 들었어. 정말 안됐어. ㅠㅠ

오빠 : 그거 무슨 뚱딴지같은 소리야? 안데스산맥을 보고 안됐다니! 사람도 아니고 자연 환경이잖아.

동생 : 남미의 서쪽 해안인 태평양을 따라 혼자 7000km 정도를 내려오잖아. 그래서 너무 외롭고 안됐어. ㅠㅠ

오빠 : 안데스는 등산객에게는 도전정신과 체력을 길러 주고, 동식물에게는 삶의 보금 자리를 마련해 주잖아? 참 고맙지. ㅎㅎㅎ

동생 : 맞네. 긍정적으로 보니 오히려 힘이 나네. 참 잘됐어. ㅎㅎㅎ

} '안데스(Andes)산맥'은 베네수엘라, 콜롬비아, 에콰도르, 페루, 볼리비아, 칠레, 아르헨티나 등 7개국에 걸쳐 있는 남미 최대의 산맥입니다.

(10) 나이아가라폭포

장 과장 : 권 과장, 요즈음 한동안 안 보이더니 어디 갔다 왔어?

권 과장 : 휴가를 활용해서 해외여행을 좀 갔다 왔어.

장 과장 : 얼굴이 무척 좋아 보이는데 지상천국에라도 갔다 온 거야?

권 과장 : 이번에 가족과 같이 미국에 여행을 가서 <u>나이아가라폭포</u>를 보고 왔지. 그래서 그런가 봐. ㅎㅎㅎ

장 과장 : <u>나이아가라폭포</u>를 봐서 얼굴이 좋아 보인다고? 장거리 여행을 하면 피곤해서 오히려 얼굴이 못할 텐데.

권 과장 : 그게 아니고 나이아가라폭포를 보니까, <u>나이야 가라</u>! 그래서 좀 더 젊어진거야. ㅎㅎㅎ

장 과장 : <u>나이가 멀리 가</u> 버려서 더 젊어진 거구나. 거기가 지상천국이네. ㅎㅎㅎ

권 과장 : 그래서 내년에도 한 번 더 가 볼까 하고 생각 중이야.

장 과장 : 그러면 내년에는 완전 애가 되어 돌아오겠네. ㅋㅋㅋ

- '나이아가라(Niagara)폭포'는 캐나다와 미국의 국경에 있는 북미에서 가장 장엄한 폭포입니다.
- 2014년 가수 하춘화 씨가 부른 '나이야 가라'라는 대중가요가 있습니다.

9. 인간 생활

(1) 눈

여친 : 오늘같이 이렇게 눈이 내리는 날에 눈길을 걸으니 너무 낭만적이네. 작년에 눈싸움을 하던 게 어제 같은데 벌써 1년이 지났네.

남친 : 그때는 눈싸움에서 시작해서 말싸움으로 끝났지. ㅋㅋㅋ

여친 : 그날 이후로 한동안 오빠하고는 눈도 안 마주쳤지. ㅎㅎㅎ

남친 : 어, 말하는 사이 내 눈에 눈이 들어갔어.

여친 : 어디 한번 봐. 이건 눈물이 아니고 눈물이야. 나하고 눈길을 걸으니까 감격해서 눈물이 나는가 봐. ㅎㅎㅎ

남친 : 감격할 게 따로 있지, 너하고 눈길을 걷는다고 눈물이 나냐? 네 마음대로 해석을 하면 어떡해. ㅋㅋㅋ

여친 : 아냐, 내가 오빠 마음을 다 읽고 있어.

남친 : 자꾸 자기도취에 빠지면 너에게 눈길도 안 줄 거야. ㅎㅎㅎ

여친 : 눈길을 걸으면서 눈길을 안 주면 눈물이 나. ㅠㅠ

} '자기도취(自己陶醉)'는 스스로에게 황홀하게 빠지는 일이며, 이와 유사한 말에 자아도취(自我陶醉), 자가도취(自家陶醉) 등이 있습니다.

(2) 비어

김 부장 : 요즈음 카페는 커피, 주스, 맥주에 안주까지 골고루 갖추어져 있어서 가볍게 한잔하기가 딱 좋아.

임 대리 : 부장님은 이런 분위기를 좋아하시는 것 보니 아직 젊으세요. 헤어스타일도 젊게 잘 어울리시고요.

김 부장 : 나이를 의식해서 자꾸 나이 든 체하면 정신적인 노화가 빨리 와. 자, 시원한 맥주 한잔해.

임 대리 : 부장님, 이 크림비어 맥주 정말 신선하고 시원하네요.

김 부장 : 내가 오늘 쏠 테니까 한 잔 더 해. 아니, 아직 잔이 안 비어 있네.

임 대리 : 아, 부장님은 잔이 비어 있네요. 바로 한 잔 더 주문하겠습니다.

김 부장 : 임 대리, 비어는 잔이 비어 있을 때 바로 채워야지. ㅎㅎㅎ

임 대리 : 죄송합니다. 제가 머리는 안 비어 있는데 실수를 했네요. ㅎㅎㅎ

김 부장 : 임 대리는 은근하게 재치 있는 유머를 잘 던져. ㅎㅎㅎ

} 맥주인 '비어(Beer)'는 우리 사회에 쓰이고는 있으나, 아직 사전에는 등재되어 있지 않은 외국어입니다. 이에 반해 '버스, 택시, 카메라, 컴퓨터'와 같이 우리말에 완전히 정착된 말은 외래어입니다. 외래어는 사전에 등재되어 있습니다.

(3) 파이

후배 : 내일 산행 준비를 위해 선배님하고 마트에 오기를 잘했네요. 오늘 여기저기에서 할인 행사도 많이 하네요.

선배 : 그것 다 후배 덕이지. 평소에 좋은 일을 많이 하니까 이렇게 좋은 일이 많이 생기는 거지. ㅎㅎㅎ

후배 : 선배님, 너무 공치사를 하시면 제가 부담스러워요. ㅎㅎㅎ

선배 : 그래, 여기에서 먹을 것, 마실 것 다 준비하자고.

후배 : 야~ 초코파이, 애플파이, 체리파이 등 파이 종류가 엄청 많네.

선배 : 파이를 보니까 생각나네. 후배, 수학에서 배운 파이 알지?

후배 : 네, 알지요. 원주율을 말하잖아요.

선배 : 파이는 3.14159… 그다음이 어떻게 되지?

후배 : 잠깐만요. 아유, 검색해 보려니까 와이파이가 안돼요. ㅎㅎㅎ

선배 : 와이파이는 파이 종류에 안 들어가서 그런 거야. ㅋㅋㅋ

} '파이(Pi)'는 원둘레와 지름의 비(比)인 원주율을 말하며, 그리스 문자 'π'로 나타냅니다.

(4) 갈비찜

남친 : 야~ 맛있는 냄새가 나는데 지금 무슨 요리하고 있어?

여친 : 한번 맞춰 봐. 오빠와 관계가 있어.

남친 : 뭐, 나하고 관계가 있다고? 생각이 안 떠오르는데.

여친 : 미안하지만, 오빠는 좀 갈비잖아. 그래서 갈비끼리 서로 통하는 데가 있을 것 같아 갈비찜을 만들고 있어. ㅎㅎㅎ

남친 : 캬~ 이거 울지도 못하고, 웃지도 못하고...

여친 : 소갈비로 갈비찜을 한 건데 한번 먹어 봐.

남친 : 맛이 있을까? 좀 찜찜한데. ㅎㅎㅎ

여친 : 사람 우습게 보지 마. 아직 말은 안 했지만, 저녁에 요리학원에 다니고 있단 말이야.

남친 : 어, 먹어 보니까 맛있네. 음식 솜씨가 이렇게 좋아? 이제 내가 너를 완전 찜해야겠어. ㅎㅎㅎ

여친 : 나는 오빠 능력에 아직 좀 찜찜한 데가 있어. ㅋㅋㅋ

- 동사 '찜하다'는 어떤 물건이나 사람을 자기의 것으로 한다는 뜻의 속된 표현입니다.
- 형용사 '찜찜하다'는 마음에 꺼림칙한 느낌이 있다는 뜻입니다.

(5) 모기장

선생님 : 지금까지 우리 주위에서 많이 볼 수 있는 벌레들에 대해서 설명을 했는데, 여기에 대해서 질문이 있어요?

유학생 : 선생님 목소리가 너무 작아서 잘 안 들려요. 모깃소리 같아요. 좀 더 큰 소리로 말씀해 주세요. ㅎㅎㅎ

선생님 : 오, 외국인 학생치고 한국말을 잘하고 발음도 좋네요. 수업 내용에 대해서 모르는 부분은 질문해 주세요.

유학생 : 선생님, 옷장에는 옷을 넣고, 책장에는 책을 넣고, 신발장에는 신발을 넣는데, 그럼 모기장에는 모기를 넣나요? ㅎㅎㅎ

선생님 : 야~ 참 날카롭고도 재미있는 질문이네.

유학생 : 방금 하신 말씀도 모깃소리처럼 잘 안 들려요. 혹시 목이 아프세요? 제가 앞에 가서 들을까요? ㅎㅎㅎ

선생님 : 와~ 이렇게 유머 감각도 풍부하고 한국어를 잘하는 외국인 학생은 처음 보네. ㅎㅎㅎ

} '모깃소리'는 아주 가냘픈 소리를 비유적으로 이르는 말이며, 사이시옷을 받치어 적습니다.

(6) 별똥별

동생 : 오빠, 오늘 모처럼 밤하늘이 아름답네.

오빠 : 도시에서는 시골과 달리 미세먼지와 매연이 많아 오늘과 같은 밤하늘은 보기 힘들지.

동생 : 이게 정말 얼마만이야. 밤하늘의 별들이 워낙 초롱초롱하고 지금이라도 쏟아져 내릴 것 같아.

오빠 : 옛날에는 도시에서도 맑은 밤하늘에 밝은 별들이 많이 보였는데.

동생 : 어, 지금 막 별이 빛을 내며 떨어졌어.

오빠 : 그게 별똥별이야. 유성이라고도 하지.

동생 : 말만 듣던 별똥별이구나. 실제 보기는 오늘이 처음이야. 정말 별의별 별들이 다 있네. ㅎㅎㅎ

오빠 : 어릴 때는 저 별똥별을 보고 별이 똥 누러 간다고 했지. ㅋㅋㅋ

동생 : 우리 어렸을 때가 어제같이 느껴지네.

오빠 : 너는 가요계에서 유성이 아닌 혜성처럼 등장해야지. ㅎㅎㅎ

- '별똥별'은 고유어로서 지구의 대기권 안으로 들어와 빛을 내며 떨어지는 작은 물체를 말하며, 한자어로는 유성(流星)이라고 합니다.
- '별의별(別의別)'은 '보통과 다른 갖가지의'라는 뜻을 가진 관형사입니다.

(7) 붕어빵

학생 : 우리 대학에도 이제 일본, 중국, 몽골, 베트남, 인도네시아 등에서 유학을 온 외국인 학생들이 참 많네요.

교수 : 그게 다 세계 속에서 한국의 위상이 그만큼 높아졌다는 증거지.

학생 : 그중에서도 이번에 일본에서 유학 온 '하야시'라는 학생은 참 유머 감각도 있고 재미있어요.

교수 : 한국어로 농담을 할 정도로 한국어가 많이 늘었어?

학생 : 예, 엄청 늘었어요. 팥빵에는 팥이, 크림빵에는 크림이 들어 있는데, 붕어빵에는 왜 붕어가 안 들어 있느냐는 질문이에요. ㅎㅎㅎ

교수 : 사물을 보는 눈이 아주 예리하고 두뇌가 명석한 학생이군.

학생 : 옆에 있던 친구가 '와~ 빵 터지겠어' 하니까, 정색을 하고 어느 빵이 터지냐고 묻잖아요. 그 말에 또 빵 터졌어요. ㅎㅎㅎ

교수 : 빵이 다 터지면 멀쩡한 빵은 하나도 없겠구먼. ㅎㅎㅎ

} '빵 터지다'는 젊은 층 사이에서 '폭소를 자아내다'라는 뜻으로 널리 쓰이고 있습니다.

(8) 슈퍼맨

선배 : 요즈음 잘 안 보이던데 바쁜가 보지. 남자 친구라도 생겼어? 지난번 모임에도 안 나오고.

후배 : 아니에요, 선배님. 사실은 지난 3월부터 아르바이트를 하느라고 좀 바빠서 그래요. 시간이 나면 모임에 나갈게요.

선배 : 아, 그렇구나. 알바는 어디에서 하는데?

후배 : 동네 슈퍼에서 하는데 휴일도 없이 매일 일하고 있어요. 대학 등록금을 좀 벌까 해서요.

선배 : 이제 부모에게 더 이상 의지하지 않고 스스로 등록금을 마련하려고 하는 후배의 의지력에 고객 감동. ㅎㅎㅎ

후배 : 뭐 그것 가지고 감동할 것까지는 없어요.

선배 : 그리고 슈퍼에서 일한다니 그야말로 슈퍼맨이네. ㅎㅎㅎ

후배 : 아니에요, 나는 여자니까 슈퍼맨이 아니고, 슈퍼우먼이에요. ㅎㅎㅎ

} '슈퍼(Super)'는 '슈퍼마켓(Supermarket)'의 준말이며, '슈퍼맨(Superman)'은 육체적으로나 정신적으로 초능력을 가진 사람을 말합니다. '슈퍼우먼(Superwoman)'은 여자에게만 별도로 쓰고 있으며, '우리말샘' 사전에 등재되어 있습니다.

(9) 허스키

회원 A : 처음 뵙겠습니다. 우리 골프회의 총무를 맡고 있는 노현균입니다. 앞으로 잘 부탁합니다.

회원 B : 반갑습니다. 이번에 친구 소개로 산악회에 처음 들어왔는데, 제가 앞으로 잘 부탁드립니다.

회원 A : 그런데 목소리가 좀 허스키하네요.

회원 B : 지금 감기에 걸려서 그래요. 원래는 맑은 목소리예요.

회원 A : 실례지만, 혹시 성함이 허숙희 씨인가요? ㅎㅎㅎ

회원 B : 어머, 목소리가 허스키하면 다 허숙희인가요? 농담도 참 세련되게 잘하시네요. ㅎㅎㅎ

회원 A : 저는 허스키한 목소리가 더 매력적으로 느껴져요. 목소리가 허스키한 가수도 많잖아요.

회원 B : 아, 그래요? 감기가 더 오래가면 좋겠어요. ㅎㅎㅎ

} '허스키(Husky)'는 쉰 듯하여 맑지 아니한 목소리를 말합니다.

(10) 올리고당

동생 : 누나, 오늘 조리 수업 시간에 올리고당에 대해서 배웠어.

누나 : 아, 그래? 좀 어려울 텐데 그래도 재미있었겠구나.

동생 : 누나는 올리고당에 대해 잘 알고 있어?

누나 : 잘은 모르지만, 설탕 대신으로 많이 사용하고 있어.

동생 : 나는 조금 이해가 안 되는 점이 있어.

누나 : 이해가 잘 안되면 선생님께 물어보지 그랬어.

동생 : 내가 농담을 자주 하니까 선생님이 또 농담으로 받아들일까 싶어 안 했어. ㅎㅎㅎ

누나 : 뭣이 이해가 안 돼? 올리고당은 칼로리가 적어서 다이어트에 좋고, 장 활동을 도와 건강에도 좋다고 하잖아.

동생 : 올리고당은 당을 올리잖아. 혈액 속에 당이 올라가면 안 좋지. 내가 이름을 붙인다면 내리고당으로 하겠어. ㅋㅋㅋ

누나 : 나는 진지한데 너는 또 농담이니?

} '올리고(Oligosaccharide)당'은 포도당에 과당이 결합한 것으로, 설탕과 비슷한 단맛을 내면서도 칼로리는 설탕보다 적습니다.

# 10. 방언·속어·유행어

(1) 겁나

후배 : 이번 여름방학 때 동아리 회원끼리 우리 고향 집에 놀러 가요. 방도 여러 개 있고 하니까 충분할 거예요.

선배 : 정말 고마운 이야기인데, 많은 인원이 갈 수 있을까?

후배 : 희망자를 모집해서 5, 6명 정도면 문제없을 거예요.

선배 : 이렇게 회원들을 배려하는 마음씨 나중에 복 받을 거야. 그런데 고향은 어디라고 했지?

후배 : 전라남도 여수예요. 여수하면 굴요리로 유명하잖아요. 모두 같이 가서 굴 실컷 먹어요. ㅎㅎㅎ

선배 : 굴구이, 굴국밥, 굴전 모두 겁나 맛있지. ㅎㅎㅎ

후배 : 그렇다고 너무 많이 먹으면 안 돼요. 배탈이 날까 겁나요.

선배 : 후배는 겁이 겁나 많네. 많이 먹어도 괜찮을 거야. ㅎㅎㅎ

후배 : 그럼 지금부터 계획을 겁나 멋지게 세워 볼게요. ㅎㅎㅎ

} '겁나'는 '겁나게'와 같이 '굉장히, 아주'라는 뜻으로 쓰이는 전라도 사투리입니다.

(2) 불어

한 과장 : 지난번 오 과장 부인과 처음 만났을 때 느낀 건데, 참 후덕하고 인자한 인상을 받았어.

오 과장 : 너무 과찬의 말씀 아냐? 오늘 저녁은 내가 살게. ㅎㅎㅎ

한 과장 : 저녁을 사라는 뜻이 아니고, 오 과장은 처복이 있는 것 같아.

오 과장 : 그런데 이건 좀 자랑 같지만, 우리 집사람은 불어를 잘해.

한 과장 : 그래? 대학에서 불어불문학과를 졸업했어?

오 과장 : 전공은 따로 있어. 그런데도 하루 종일 불어를 써.

한 과장 : 한국에 살면서 어떻게 불어를 그렇게 쓸 수가 있어?

오 과장 : 빨리 해 부러. 어서 가 부러. 겁나 좋아 부러. ㅎㅎㅎ

한 과장 : 오, 처가가 전라도구나. 음식 솜씨가 좋고 인정이 많겠어.

오 과장 : 나는 경상도 출신이지만, 자연히 불어를 잘하게 됐어. ㅎㅎㅎ

한 과장 : 오 과장 집에는 늘 웃음이 가득하겠구나.

} '해 부러'의 '부러'는 '-어 버리다'의 구성에서 보조동사 '버리다'의 활용형인 '버려'의 사투리입니다.

(3) 가시나

택시기사 : 할머니, 반갑습니다. 어서 타세요.

할머니 : 아이고, 오늘 날씨가 참 맑고 좋네. 이렇게 좋은 날은 정말 오래간만인 것 같네.

택시기사 : 네, 참 좋네요. 그런데 할머니, 어디 가시나요?

할머니 : 경상도 가시나다, 와? 할매보고 가시나라니! 그게 말이나 되는교? 앞으로 조심하소.

택시기사 : 할머니, 조금 오해하신 것 같네요. 저는 할머니께 어디 가시느냐고 물어본 거예요. ㅎㅎㅎ

할머니 : 아이고, 그런교? 내가 잘못 들었네. 이거 미안해서 우야노! 기사 양반, 정말 미안합니데이. ㅎㅎㅎ

택시기사 : 괜찮아요. 제가 경상도 여성에게 자주 오해를 사요.

할머니 : 이렇게 잘 이해를 해 주시니 고맙심더. ㅎㅎㅎ

} '가시나'는 '계집아이'라는 뜻의 경상도, 전라도 사투리입니다.

 (4) 거시기

아주머니 : 차를 안 타고 버스터미널까지 걸어오니까 꽤 머네. 아이고, 힘들어. 이제 다 왔네.

버스기사 : 안녕하세요? 아주머니, 어서 타세요.

아주머니 : 기사 아저씨, 이 차 거시기 가요?

버스기사 : 어디예요? 지금 곧 출발합니다. 빨리 타세요.

아주머니 : 어, 우리 거시기는 어디 갔지? 화장실에 갔나? 기사 아저씨, 조금만 기다려 주세요.

버스기사 : 아주머니, 혼자 가시는 게 아니에요?

아주머니 : 예, 우리 손자 거시기하고 같이 가요.

버스기사 : 그럼 손자하고 어디까지 가시는데요?

아주머니 : 손자하고 거시기 가요. 아, 우리 거시기 저기 오네요. ㅎㅎㅎ

버스기사 : 어휴, 답답하지만 좋은 일 한다고 생각해야지. ㅎㅎㅎ

} '거시기'는 ①이름이 얼른 생각나지 않거나 바로 말하기 곤란한 사람 또는 사물을 가리키거나, ②하려는 말이 얼른 생각나지 않거나 바로 말하기가 거북할 때 쓰는 말입니다.

(5) 꼬시다

동생 : 누나, 지금 뭐 해? 아주 고소하고 맛있는 냄새가 나네.

누나 : 모처럼 동생이 집에 있는데, 내가 맛있는 요리를 만들어 서비스하려고 해. 감동적이지 않아?

동생 : 정말 감동적이네. 누나의 새로운 면을 보는 것 같아. ㅎㅎㅎ

누나 : 새로운 면? 맞아, 면으로 만든 비빔국수야. 한번 먹어 봐.

동생 : 와~ 맛있네. 꼬시한 참기름을 더 넣으면 더 맛있겠어.

누나 : 그래 좀 더 많이 넣어. 더 꼬시하게.

동생 : 그런데 어제 우리 학과의 마음에 드는 애를 꼬시려다가 망신을 당했어. 아, 괴로워 ㅜㅜ

누나 : 그것 참 꼬시다. 하라는 공부는 안 하고 여자에게만 신경 쓰더니만. ㅋㅋㅋ

동생 : 누나도 그런 경험이 있잖아. 내가 다 알아. ㅋㅋㅋ

누나 : 얘 좀 봐. 비빔국수 서비스했더니만 가슴 아픈 이야기만 하네.

} '꼬시다'는 ① '꾀다'의 속된 표현 ② '고소하다'의 사투리입니다.

(6) 아나고

아들 : 엄마, 좀 쉬지 않고 부엌에서 뭐 해요?

엄마 : 요즈음 우리 아들 밤늦게까지 알바하느라고 많이 피곤할 거야. 그래서 내가 건강을 위해 맛있는 걸 좀 준비하고 있어.

아들 : 맛있는 걸 준비한다고요? 아, 궁금해.

엄마 : 지금 상추와 깻잎을 씻고 있는데, 아까 시장에서 사 온 아나고와 함께 먹으려고 해. 맛있을 거야.

아들 : 엄마, 그런데 '아나고'는 일본어예요. 우리말은 '붕장어'인데, 앞으로는 붕장어라고 하세요.

엄마 : 우리 때는 모두 아나고로 배워서 그게 습관이 된 거야. 그러고 보니 너는 알바만 하고, 공부는 안 하고, 아나고만 먹게 되네. ㅎㅎㅎ

아들 : 그러면 앞으로는 공부를 하고 먹을게요. ㅎㅎㅎ

엄마 : 아나고? 안 하고? 하고? 얘, 그만하자. 헷갈려. ㅋㅋㅋ

} '아나고(穴子, あなご)'는 일제 강점기의 잔재어로서 우리말의 '붕장어'입니다.

(7) 우짜꼬

선배 : 그동안 텔레비전으로만 농구 경기를 보다가 오늘 직접 농구경기장에 와서 보니 재미가 또 다르네.

후배 : 함성을 지르며 응원하는 열기 속에서 경기를 보면 정말 박진감 있고 생동감이 넘쳐요.

선배 : 아, 그런데 너무 아쉽네. 이렇게 열심히 응원하고 우리 팀도 분발했는데도 져 버렸네. 아이고, 우야노?

후배 : 선배님은 고향이 경상도라서 '우야노'라고 하네요. ㅎㅎㅎ

선배 : 그래, '우야꼬'라는 말도 있는데, 둘 다 '어떻게 하지?'라는 뜻이지.

후배 : 그러면 '우짜꼬'는 무슨 뜻이에요? ㅎㅎㅎ

선배 : '우짜꼬'도 마찬가지 뜻의 경상도 사투리야. 그런데 '우짜꼬'에 대해 왜 그렇게 관심이 많아?

후배 : 선배님, 그냥 한번 웃자고 해 본 소리에요. ㅋㅋㅋ

} '우야노, 우야꼬, 우짜꼬'는 모두 '어떻게 하지, 어떻게 할까'라는 뜻의 경상도 사투리입니다.

(8) 자라니

아빠 : 어, 우리 딸 아직 안 자고 뭐 해?

딸 : 아빠, 내 희망이 국가공무원인데, 이제 시험이 얼마 안 남았잖아요. 지금 한창 피치를 올려야 할 때예요.

아빠 : 아, 그렇지. 건강에 신경 쓰면서 해야 돼. 건강이 최우선이야.

딸 : 잘 알겠어요. 아빠도 어서 주무세요.

아빠 : 그런데 하나 물어볼게. 요즈음 신문기사에 '자라니'라는 말이 자주 나오는데, 이게 무슨 뜻이지?

딸 : 요즈음 느닷없이 도로에 뛰어나오는 자전거를 고라니에 비유해서 자라니라고 해요.

아빠 : 그것 참 위험하겠구나. ㅉㅉㅉ

딸 : 아빠, 그런데 자전거 탄 사람보고 '자라 니!'라고 하면 안돼요. 바짝 긴장을 해도 모자랄 판인데 자면 어떡해요? ㅎㅎㅎ

아빠 : 너 공부만 하던 애가 이런 유머를 하다니? 조금 불안해. 쉬어 가며 해. ㅋㅋㅋ

} '자라니'는 '자전거 + 고라니'의 합성어로서 만들어진 신조어입니다.

(9) 나와바리

학생 : 교수님, 아직도 우리 사회에 자신도 모르게 일본어를 쓰는 사람이 있네요.

교수 : 너는 공부도 잘하지만, 관찰력도 대단하네. 계속 관심을 가지고 공부하면 재미있는 말들을 발견하게 될 거야.

학생 : 그중에서 '나와바리'라는 말을 많이 쓰던데, 이게 무슨 뜻이에요?

교수 : 나와바리의 어원을 직역하면 '새끼줄 치기'인데, 새끼줄을 쳐서 자기의 땅을 표시한다는 뜻이야. 우리말로 '영역, 구역, 세력 범위로'로 해석하면 돼.

학생 : 일제 강점기의 잔재어 중의 하나네요.

교수 : 그런데 너무 열심히 해서 내 나와바리를 침범하면 안 돼. 만약 내 나와바리를 침범하면, '나와 빨리'라고 할 거야. ㅎㅎㅎ

학생 : 교수님도 이제 유머 실력이 엄청 느셨네요. ㅎㅎㅎ

교수 : 오늘은 이것으로 '시마이' 하자. ㅋㅋㅋ

} - 일본어 '나와바리(なわばり)'는 '나와(なわ, 새끼줄)'에 '하리(はり, 치기)'가 결합되어 변형된 합성어입니다.
  - '시마이(しまい)'는 '끝맺음, 마무리'라는 뜻의 일본어입니다.

(10) 가가가가가가

학생 : 선생님, 발음의 장단과 억양, 게다가 사투리까지 섞으면 재미있는 말들이 생겨요. 제가 그 말과 뜻을 알려 드릴게요. 한번 들어 보세요.

선생님 : 그래, 얼마나 재미있는 말인지 한번 들어 보자.

학생 : ① 가가 가가 가가?　(賈가 걔가 걔냐?)
　　　② 가가 가가 가가?　(걔가 賈가 걔냐?)
　　　③ 가가 가가 가가,　(賈가 걔가 가서,)
　　　④ 가가가 가 가가,　(賈가가 갖고 가서,)
　　　⑤ 가 가가가 가가,　(걔 賈가가 가서,)

선생님 : 아유, 어지러워. 사투리가 많아서 헷갈리기도 하고, 재미있기도 하네. 너는 재주도 많구나. ㅎㅎㅎ

학생 : 선생님, 사투리가 없는 나라는 없어요. 사투리도 알아 두면 정말 재미있어요. ㅎㅎㅎ

- '가(賈)'는 김(金), 이(李), 박(朴)처럼 우리나라 성(姓)의 하나입니다.
- '가가'는 '걔(그 아이)가'의 사투리입니다.
- '가가?'는 '걔냐?'의 사투리입니다.
- '가가,'는 '가서'의 사투리입니다.
- '가'는 '갖고'의 사투리입니다.

세상을 재미있게 재치개그

초판 1쇄 인쇄 / 2024년 11월 8일
초판 1쇄 발행 / 2024년 11월 15일

저자	이우석
발행처	형설출판사
	경기도 파주시 회동길 37-23 · 전화 (031) 955-2361~4 · 팩시밀리 (031) 955-2341
발행인	장진혁
등록	라-제9호 · 1962년 5월 1일
홈페이지	http://www.hyungseul.co.kr
e-mail	hs@hyungseul.co.kr

정가 16,000원

ⓒ 2024 이우석 All Rights Reserved.

ISBN 978-89-472-8727-2 03800

* 본 도서는 저자와의 협의에 따라 인지는 붙이지 않습니다.
* 본 도서는 저작권법에 의해 보호를 받는 저작물이므로 동영상 제작 및 무단전재와 복제를 금합니다.
* 본 도서의 출판권은 형설출판사에 있으며, 사전 승인 없이 문서의 전체 또는 일부만을 발췌/인용하여 사용하거나 배포할 수 없습니다.

MEMO

MEMO